元宇宙
法律图谱与规范逻辑

吴 烨 ◎ 著

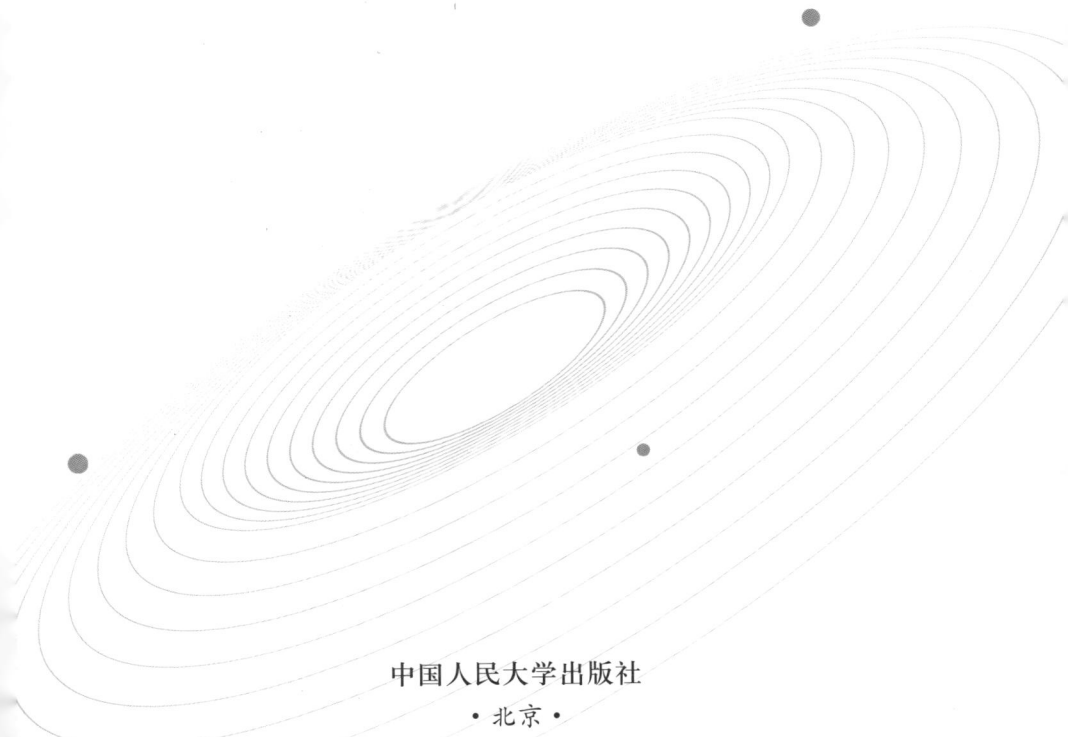

中国人民大学出版社
·北京·

本书得到中央高校基本科研业务费专项资金项目（项目批准号：21lzujbkyjh007）资助

序

互联网、大数据、人工智能、区块链、物联网的飞速发展，在给人类社会带来重大变革的同时，也给全球法治带来了挑战和机遇。为了推动社会发展与法治进步，我们要聚焦于新一轮科技革命给法学研究带来的挑战，聚焦于社会发展中的重大法治前沿问题，强化对新问题的回应能力，发展出更具解释力的法学研究成果。

科学技术的发展正在深刻改变着人类的行为模式。以算法为例，它让我们无须再"绞尽脑汁"，而可以借助高新技术轻松地完成计算、选择和决策。然而，科学技术的进步也让部分人开始退缩到虚拟世界中，我们有时似乎只能被动接受算法推送到眼前的世界。大数据"杀熟"和算法歧视等问题说明，算法甚至开始"绑架"我们的生活，个人的信息权益、隐私权、知情权、公平交易机会面临新的威胁，如何切实保护个人的合法权益已成为重要话题。科技是人类实现美好生活的工具，我们应当在促进科技进步的同时，更好地落实《中华人民共和国民法典》的规定，最大限度减少科技发展、技术进步对个人合法权益的伤害和不利影响。

科学技术的发展也正在深刻改变着社会治理模式。随着区块链技术的不断发展，组织设立、交易达成、投票表决等均可以通过区块链技术实现，这无疑会对传统的中心化社会治理模式产生一定的冲击与挑战。以智能合约为例：作为区块链交易的基石，其不仅影响着人工智能时代新的交往秩序的形成，更会对团体自治规则产生深刻影响。在尊重科技进步的理念下，从民法角度给予准确的诠释和定位，发现合同法一般规则的局限性，提出适合于智能合约的新规则，是民商事法律协调智慧社会中社会交往关系的重大任务。在区块链交易中，当事人一方往往难以识别对方的真实身份，受损当事人难以举证证明加害者及其行为。加之区块链交易具有跨国界性，其很容易成为当事人逃避国家监管的技术手段。因此，根据区块链技术的特殊性，创设出一套适当的事前、事中及事后救济机制，自然成了重要课题。

吴烨博士在从中国人民大学毕业并取得民商法学博士学位后，一直在高校从事教学科研工作，致力于数字法学研究，发表了多篇有价值的学术文章。近年来，她聚焦于元宇宙领域的法学研究。这本新著，是在她原有研究基础上的再发展。本书从元宇宙的具体案例出发，抽丝剥茧地分析了元宇宙的概念界定、基本构成及法律适用等问题，并以此搭建了元宇宙的法律规范体系。作者努力架起社会实践与法律规范之间的桥梁，构建起元宇宙领域的法律体系和规范路径。

这是一本有深度、有广度、有内容、可读性强的关于元宇宙的法律著作。本书将元宇宙划分为六大构成要素——虚拟人、去中心化自治组织（DAO）、智能合约、非同质化通证（NFT）、共识机制、数字货币，沿着"主体—行为—财产—权利"的法律逻辑，对元宇宙所涉的法律问题展开了缜密的论述。这六大构成要素虽然各自独立，却又形成了一个有机整体，呈现出元宇宙领域的完整法律图谱与规范逻辑。本书最后还对元宇宙中的虚实交互涉及的侵权问题作了介绍。从内容来看，本书不仅涉及理工科与社会科学的交叉，还秉持"从具体案例到抽象命题"的理念，故具有理论深度和实践意义。作者对法律实践中的现实问题作出了回应、解读，夯实了元宇宙领域的实定法基础。这一理论联系实践的风格，体现了作者扎实的理论功底，更增强了本书的可读性。

作为吴烨博士母校的老师，我很高兴为此书写序。希望吴烨博士不断拓展研究领域，不断取得新的研究成果，在未来法治领域作出自己的学术贡献。

中国人民大学副校长　王轶

前　言

元宇宙时代，法律何为？

2021年被称为元宇宙元年。元宇宙是通过科技手段形成的现实世界和虚拟世界的相互映射。对于元宇宙的畅想，始于1992年出版的科幻小说《雪崩》。该书描述了一个名为Metaverse（元宇宙）的虚拟世界，人们只要通过公共入口连接，就能以虚拟"化身"的形象进入其中，开启有别于现实世界的另一种人生。近年来，随着区块链、人工智能等科技的进步，元宇宙的内涵与外延均不断演进。实际上，世界上没有被称为"元宇宙"的单一技术，有的是各种技术场景的组合和升级，用以形成新一代互联网形态。在元宇宙时代，传统的"可交互"模式会迈向基于区块链等新技术的"可执行"模式，参与者在没有受信任的第三方的情况下公开或私下进行交互。该特点常被描述为"去中心化"或"代码即法律"。

科技与法律遵循各自不同的发展轨迹，一个是信马由缰，另一个是遵循历史。在这两种不同力量的相互约束中，呈现出了科技发展的真实样态：一边是快马加鞭的科技发展,另一边是科技发展受制于既有法律环境。科技既可以带来社会福利,也可能带来社会灾难,法律必然需要尽力预防和避免风险,以提升社会福祉。人工智能科技发展至今,技术崇拜者不断宣扬着"代码即法律"的论调,鼓吹着"技术自治"等言论,试图渲染现有法律对技术的规制失灵。这实乃对智慧社会公平与正义的藐视,极易令新技术沦为规避实定法规范的工具。未来已来,我们无疑不得不直面元宇宙技术带来的问题。

元宇宙技术带来的第一大问题是:我们如何理解"人"?这会使传统观念发生颠覆式改变。从法学角度而言,生物意义上的自然人,系一种依自然秩序形成的客观存在。随着人工智能技术的不断发展,"虚拟人"技术越来越被广泛应用,其不仅可以为人们提供投资顾问服务,协助人类完成部分工作,甚至还可以成为老人的情感"陪伴者"、孩子的教育"启蒙者"。人工智能通过模拟人类大脑神经系统的"深度学习"(deep learning),可以不断完善与优化其"自我意识"。"虚拟人"在多领域被广泛应用,虚拟主播、虚拟员工、虚拟客服、虚拟偶像等不仅具有人类的外观,而且开始具有人类功能,甚至具有部分人类意识。这些科技变革,自然会给传统的以人为本的私法秩序带来诸多挑战,甚至会冲击我们对人性伦理道德的基本认知。这势必会对整个法学产生根本影响,会对法学上的"意志"和"意思"等基本概念产生重大影响,也会倒逼我们重新审视民事主体制度。

元宇宙技术带来的第二大问题是:我们如何看待新型非实体组织形态?去中心化自治组织(decentralized autonomous organization，DAO）系元宇宙的重要组织形态，是由一系列智能合约所控制的虚拟组织，不需要任何中介或权威机构。代码及其中包含的协议，允许全球匿名主体进行无信任交易。无论属于何种类型，无论其规模如何，去中心化自治组织的功能都可以被归纳如下：将松散的社交群体转变为一个由贡献者驱动的团体，团体成员针对治理规则达成基本共识，以实现团体目标。上述特点必然带来一系列法律问题：去中心化自治组织是否系法律意义上的组织？若是，又是何种组织？其能否被既有法律规范所调整？该组织形态是否具有法律风险及具有何种风险？对此，美国怀俄明州的《DAO法案》将去中心化自治组织纳入有限责任公司范畴予以规范。该思路是否适合中国国情？我们又该如何看待这类特殊组织？……诸如此类问题均有待于法律予以澄清。

元宇宙技术带来的第三大问题是：技术正在改变传统交易缔结方式，法律应当如何规范去中心化的新型契约秩序？传统社会建立在中心化模式的基础上，而在区块链技术的推动下，从合同的缔结与履行，到组织的设立与表决，均可以通过区块链技术在去中心化环境下自动执行。这意味着，我们将更多的自主权交给了技术。虽然技术崇拜者一直在努力宣扬"技术中立"等自由主义色彩的论调，但这并不意味着技术是脱缰的野马，其绝非"法外之地"。智能合约正在深刻影响着元宇宙中新的契约秩序的形成，夯实智能合约的实定法基础，这是民商事法律协调智慧社会中私人关系的重大任务。智能合约与传统合同具有巨大差异，我们不应局限于合同法中探讨智能合约的规制范式，应从功能主义视角切入，对智能合约进行类型化阐释，防止产生盲人摸象问题。在此基础上，区分传统合同场景与非传统合同场景，厘清不同交易构造下智能合约成员的权利义务关系，明确纠纷解决路径及当事人的法律责任，进而有效协调个人自由与团体自由之间的关系，平衡个人利益、团体利益及社会公共利益，以夯实智慧社会的公平与正义之法治根基。

元宇宙技术带来的第四大问题是：传统的人际信赖模式正向技术信赖模式转变，当我们身处于元宇宙时，我们因何而信赖这个虚拟社会？我们在元宇宙中的虚拟资产该如何认定？谁来决定资产的认定？若发生纠纷，又如何确保公平正义？……在元宇宙、区块链环境中，人们信赖的是共识机制，这是一种基于区块链的去中心化投票机制。共识机制是区块链的核心技术，其本质是多数决。和传统社会按人头或资本投票不同的是，共识机制依据算力或通证持有量，甚至依据"信誉额度"进行多数决。这表达了一种"乌托邦"的理念，即通过不依赖人的计算机代码来治理社会。无论是中心化模式抑或是去中心化模式，其本质都是"资源分配"。机器是确定的，其好处是更透明和更值得信赖，但坏处是机器是缺乏弹性的，甚至可能是僵化的。与机器或代码不同的是，法律规则与政策恰恰是具有自我调节功能和一定弹性空间的，可以依据外部环境的变化进行修改、更新。因此，技术发展仍然有赖于法律的保驾护航；当出现纠纷争议时，仍然需要司法予以干预。

元宇宙技术带来的第五大问题是：我们应当如何看待新型数字资产？NFT（非同质化通证）、数字货币等新兴事物，均需要私法首先予以证成，而后才有公法及公权力介入的空间。

在底层逻辑上，NFT与数字货币具有相似之处，但法律政策对它们呈现出完全不同的态度。以数字货币为例：国内外相继涌现出各种与数字货币相关的纠纷案件，由于裁判者对数字货币的法律性质存在不同认知，遂产生了截然不同的裁判结果，并且裁判态度日趋严格，这直接影响了利益受损方能否获得赔偿等现实问题。而在对待NFT问题上，有法院认为，其系虚拟财产，应当予以保护。那么，为何对于如此类似的两类新兴事物，却出现了截然不同的态度？实际上，裁判者受到金融管制观念的影响，容易采用一刀切的方式，简单否定数字货币交易的法律效力。在建立起科学、合理且完善的概念体系后，混沌不清的乱象才将逐渐褪去。在法律适用上，存在不同法律适用之间的矛盾与冲突，这亟待我国司法裁判者合理运用手中的自由裁量权，需要格外注意在个人利益、社会公共利益和其他利益之间进行冲突协调与利益衡量。

元宇宙技术带来的第六大问题是：在现实世界与虚拟世界的交互之中，如何规范新型技术与解决新型纠纷？为了促进科技进步，我们应当更妥帖地保护好个人权利，而不是任由科技损害个人权利。如何让大众既能够享受到科技带来的进步，而又不因其财力、能力、智力等有限而在技术进步中掉队或者失去最基础的权利保障，是至关重要的问题。安置于街头、四处的采集各种数据的云计算系统，以各种名目获取"人脸识别"信息的App，通过AR、VR技术建立的各种虚拟现实应用场景……这些原本旨在使个人生活更美好的技术，现在已然变成一种外在的、套在人们身上的枷锁，甚至成了窥探生活隐私、盗取个人信息的工具。当社会活动日益依赖科技时，在个人利益、社会公共利益与产业利益之间作出利益权衡与价值判断，绝非易事。这要求我们分别看待科技发展和科技利用，而这会让科技发展变得更自由，让科技变得更有想象力，同时也可以保留法律对科技利用的适度限制与约束。

　　在这个充满不确定性的时代寻找确定性，是法学者的使命。在既有的法律秩序中，新事物、新现象总会不断衍生，在新旧事物、新旧现象之间往往存在一种传承关系，此时恰是一种新秩序的形成期。在私法领域中，除存在着历史上一直发展至今的各种权益外，也存在着一些科技推动产生的新型的衍生权益。不过，这些衍生权益并非全新的、没有历史根基的权利，而是与传统私法权利体系相一致的。研究此类问题的关键，不在于不断创设新概念、新权利，而是如何将衍生权益与传统私法框架相互衔接。未来的科技发展，至少在一个相当长的可预见时期内，是现有科技的延续和发展。

　　科技的发展、社会的进步、法治的完善，始终处在一个绵延不断的进步过程中，当我们讨论科技与法治进步时，必然要受到现有法治环境的约束。科技可以信马由缰地随性发展，法治则是社会底线规则和秩序。唯有在该前提之下，科技才有自由发展的空间。如同一个人的身体一般，系统里的所有关节和组件都有效匹配，方能发挥出最佳的协同效果。这不正是我们追求的理想智慧社会？！

　　未来已来，将至已至。

目 录

第一章
元宇宙中的数字身份：虚拟人具有主体地位吗？
- 一、背景 / 2
- 二、典型案例：首例"AI 陪伴者"侵权案 / 6
- 三、框架体系：基本类型与概念图谱 / 11
- 四、法律风险：虚拟人背后的法律课题 / 17
- 五、法律适用：从"技术中立"迈向"技术向善" / 30
- 六、结论 / 38

第二章
元宇宙中的自治组织：DAO 是法人吗？
- 一、背景 / 41
- 二、典型案例："The DAO"系统漏洞事件始末 / 43
- 三、穿透数字面纱：DAO 是法律意义上的组织吗？ / 47
- 四、域外立法：美国怀俄明州《DAO 法案》评析 / 55
- 五、中国语境：DAO 在中国可能是什么？ / 61
- 六、结论 / 67

第三章
元宇宙中的契约秩序：智能合约是合同吗？

一、背景 / 70

二、揭开面纱：智能合约是合同吗？ / 74

三、法律风险：智能合约对传统合同规则的突破与挑战 / 88

四、类型分析：智能合约的三种治理结构 / 91

五、法律适用：从"合同自由"到"信赖保护" / 104

六、结论 / 113

第四章
元宇宙中的"凭证"：万物皆可 NFT 吗？

一、背景 / 116

二、典型案例：首例 NFT 侵权案 / 118

三、法律性质：为何"万物皆可 NFT"？ / 126

四、规范路径：NFT 的监管政策及法律适用 / 132

五、结论 / 138

第五章
元宇宙中的团体自治：共识机制通向数字正义吗？

一、背景 / 141

二、概念界定：共识、共识机制与区块链 / 142

三、类型化分析：共识机制的不同模式 / 150

四、法律适用：共识机制是一种决议行为吗？ / 154

五、结论 / 158

第六章
元宇宙中的经济系统:数字货币受法律保护吗?

一、背景 / 161

二、揭开面纱:数字货币是货币吗? / 163

三、类型划分:法定数字货币与民间数字货币 / 174

四、法定数字货币:法定货币的数字化 / 183

五、民间数字货币:比特币是受法律保护的财产吗? / 189

六、结论 / 210

第七章
元宇宙中的虚实交互:从"人脸识别"到"AR/VR技术侵权"

一、背景 / 213

二、典型案例:"人脸识别第一案"拉开的序幕 / 214

三、新型案例:AR/VR技术引发的新问题 / 217

四、结论 / 222

参考文献 / 227

附录:元宇宙相关名词释义 / 245

第一章

元宇宙中的数字身份：
虚拟人具有主体地位吗？

2021年被称为元宇宙元年,虚拟人是元宇宙的重要组成部分。可以与自然人身份对应的虚拟人,实际上是一种自然人的人格要素虚拟化,即人格利益在虚拟空间中的一种延伸。北京互联网法院审理的"AI陪伴"软件侵害人格权案,在一定程度上揭示了虚拟人技术在实践中的法律风险,因此我们有必要对其中的责任主体识别、侵权责任承担等问题展开分析,以厘清虚拟人的核心法律问题,夯实虚拟人技术的实定法基础及规制路径,以平衡个人利益、社会公共利益及产业利益,促进新兴技术与法律规范之间的协调发展。

一、背景

2021年2月,万科首位数字员工崔筱盼正式"入职",当年就获得了年度最佳新人奖,引发了社会热议;2021年10月,虚拟偶像柳夜熙横空出世,她发布的一条短短2分钟的视频,获得了300多万个赞,远超诸多知名流量明星;2022年1月,江苏卫视在跨年晚会上,通过虚拟技术将邓丽君"重现人间",更是将大众对虚拟人的讨论推向新高潮。谈到虚拟人,很多人将其与电影《头号玩家》中的数字分身联系在一起。也许,目前我们离沉浸式的"数字分身"仍然有一定的距离,但是，虚拟偶像、虚拟主播、虚拟客服等正广泛出现在生活的多个方面。其中，根据不同的应用场景，也必然会涉及法律定性、人格权保护、财产权保护、知识产权保护、企业产权、科技伦理等法律问题。

虚拟人是指具有数字化外形的虚拟人物。在元宇宙概念中，用户依托虚拟人技术，通过虚拟分身进入元宇宙世界。因此，虚拟人技术将成为元宇宙时代的基础设施之一。与此同时，虚拟人的应用场景日益丰富，其内涵和外延也在不断延展。《2020年虚拟数字人发展白皮书》中指出，虚拟人指的是"具有数字化外形的虚拟人物"，其除拥有人的外观或人的行为之外，还"拥有人的思想，具有识别外界环境并能与人互动交流的能力"。目前，业界针对虚拟人尚无统一概念界定，但基本达成了共识，即虚拟人具有人类部分特征，这里指的不仅是外貌特征，更针对语言等思想交互内容。据此，虚拟人大致分为两种类型：一种是与特定自然人可以直接对应的虚拟人，即将自然人的人格要素虚拟化，通过AI技术实现虚拟人与其他人之间的互动与交流；另一种是不能与特定自然人进行对应的类型，比如虚拟偶像、虚拟主播等。

目前，虚拟人中最为成熟的商业化应用是虚拟偶像，其市场规模也正在稳步增长。相比纯粹的娱乐型虚拟人，功能型虚拟人的发展会给多个领域带来重大变革。在特定领域内，虚拟人具有人类无法比拟的知识储备与工作效率。譬如，通过打造特定应用场景的虚拟人，能够大幅提升用户的业务体验，典型的场景包括影视、金融、文旅、教育、医疗和零售等。随着互联网产业模式不断创新与更迭，虚拟现实等新技术也在不断发展。"虚拟世界"与"现实世界"之间的分野正在失去以往的意义，原因之一是人们开始利用互联网参与各种各样的活动。[①] 将自然人（尤其是公众人物）的人格要素虚拟化，一方面迎合了部分人群的心理需求及情感投射，但另一方面，在巨大的商业利益驱动之下，也产生了诸多新型侵权纠纷。对此，未经当事人同意的人格要素虚拟化，是否应当承担侵权责任，如何承担侵权责任，免责事由为何等问题，成为首先应予以澄清的问题。

不同类型的虚拟人，可能会涉及不同的权利结构，但是终究无法逃脱两大基本要素：数字身份和数字资产。传统民法侧重人格利益的静态保护，而虚拟人是以数字化方式呈现的人格利益，其不仅涉及《民法典》人格权编的有关内容，亦是《个人信息保护法》的重要保护对象。这是因为，虚拟人所表彰的权利，不仅包括自然人的姓名权、肖像权等静态人格利益，还包括以数字化方式呈现的"我"的动态社会形象。当下，网络为个体拓出了无须依附于物质人身即可延展自我人格的崭新渠道——数字身份。为将身份载体更换为非实体的信息载体，跨越网络这个横亘于现实世界与虚拟世界的障蔽，最终实现身份的数字化，个体须付出一定代价——大幅削弱其与虚拟化人格权益的人身依附强度，由此骤然降低对其虚拟化人格权益的控制力。这显然不同于上述与物质人身深度绑定的、对伦理价值高度张扬的传统人格权益。虚拟化人格权益似乎变异于传统人格权益。

---

① 伊森·凯什，奥娜·拉比诺维奇·艾尼. 数字正义：当纠纷解决遇见互联网科技. 赵蕾，赵精武，曹建峰，译. 北京：法律出版社，2019：17.

由此可见，我国人格权规范对个人身份保护已从静态身份保护和动态身份保护的双重层面展开。然而，这种更多参照前信息时代，以现实身份为规范模板的人格权体系，能否全然满足信息时代对数字身份的保护需求，仍值得探讨。数字身份存在的诸多与现实身份的相异之处，可能导致规范重点与难点有所偏移。由于虚拟世界的人造性而非自然性特征，个体数字身份需全然被人为建构。作为建构结果的身份，往往是诸人格要素（如姓名、肖像等）乃至整体人格形象的虚拟化呈现，或可落入人格权规范的调整范围。然而，作为建构过程的身份，即通过使用个人信息完成的应具自主性、一致性、完整性的身份搭建与身份认同流程，确是数字身份产生的全新问题。

因此，数字身份便蕴含了双重含义：作为结果的身份与作为过程的身份。然而，由于难以全然分割数字身份的建构过程与建构结果，个体对数字身份享有的权益仍是含混不清的一团雾气，笔者将其称为虚拟化人格权益。权益得到保障，是个人身份自由而全面发展的前提。既然网络搭建出的虚拟世界允许个体自我"从一个虚像空间的状态，亦即从镜面之彼端……回到自我本身……再度地开始凝视我自己，并且在我所在之处重构自我"[1]，那么，为使处于数字时代的个体彻底完成其数字身份的生成，建构出其完整的人格形象，本章以虚拟人为研究对象，聚焦于虚拟化人格权益，通过回溯与比较，勾勒出其制度轮廓，并夯实虚拟人技术的实定法基础。

---

[1] 米歇尔·福柯. 不同空间的正文和上下文. 陈志梧，译//包亚明. 后现代性与地理学的政治. 上海：上海教育出版社，2001：22.

在现行民事法律体系中,数字化身并不具有作为民事主体的资格。因此,为权利义务归属的明晰,"数字人格"概念被提出。数字人格被描述为"主体在网络世界活动中权利和义务的集合体,即便不借助时空概念,数字人格也可以确定主体的权利享有和义务承担"[①]。虽然数字人格作为工具性概念有其说理价值,但归根结底,仍需解决如何将数字人格衔接至其对应的民事人格的问题,并最终使具有民事责任能力及责任财产的个体完成权利义务的归属认定。对此,北京互联网法院审理的"AI 陪伴"软件侵害人格权案(以下简称"AI 陪伴侵权案"),具有借鉴意义。在该案中,App 软件不仅利用了明星何某的姓名和肖像生成了"AI 陪伴者",软件用户还可以设置与虚拟人的亲密关系(伴侣、父母子女等),甚至可以对其进行"调教"。亲密关系与"调教"等所涉及的人格利益,一方面难以被具体人格权规则所涵盖,而另一方面依据一般人格权予以调整又显得过于笼统与模糊。

二、典型案例:首例"AI 陪伴者"侵权案

被告运营某款智能手机记账软件,在该软件中,用户可以自行创设或添加"AI 陪伴者",设定"AI 陪伴者"的名称、头像、与用户的关系、相互称谓等,并通过系统功能设置"AI 陪伴者"与用户的互动内容,系统称之为"调教"。本案

[①] 朱程斌.论个人数字人格.学习与探索,2021(8).

原告何某系公众人物，在原告未同意的情况下，该软件中出现了以原告姓名、肖像为标识的"AI陪伴者"。同时，被告通过AI算法等技术，将该角色开放给平台的众多用户，允许用户上传了大量原告的"表情包"，制作图文互动内容从而实现"调教"该"AI陪伴者"的功能。

原告何某作为社会公众人物，认为被告侵害了原告的姓名权、肖像权、一般人格权，故诉至法院，要求赔礼道歉并赔偿经济损失、精神损害抚慰金等。本案被告抗辩认为，案涉软件中的AI角色设置、语料创作与上传、语料审核均由用户完成，如用户存在侵权行为，仅系用户个人行为，被告作为网络服务提供者没有过错，不应承担侵权责任。

本案的主要争议有三：一是被告的行为是否符合《民法典》第1195条的情形，因采取"必要措施"而免责？二是若不构成免责，被告是否侵害原告的肖像权、姓名权、一般人格权？三是若构成侵权，如何适用法律及责任如何承担？针对上述争议，北京互联网法院的主要观点如下。[1]

第一，案涉软件用户使用原告的姓名、肖像创设虚拟人物，制作互动素材，将原告的姓名、肖像、人格特点等综合而成的整体形象投射到AI角色上，该AI角色形成了原告的虚拟形象，被告的行为属于对包含原告肖像、姓名的整体人格形象的使用。从规则设计的角度看，案涉软件的用户可以创设、上传真实人物的姓名、肖像，可以设置与AI角色的身份关系，可以"调教"角色、审核语料，可以按照软件提供的标签

---

[1] 参见北京互联网法院民事判决书（2020）京0491民初9526号。

与角色互动，等等。这些功能使得用户创建的 AI 角色更具真实性、生动性，但缺乏相关审核规则及机制，显然有较高的侵权风险。在软件的"调教"规则中，被告告知用户可以通过上传表情包自行创作，或者使用他人的表情包创作，即用户在上传、创作或使用他人上传的肖像图片进行创作时，均应知晓该肖像图片可能在记账聊天界面被推送；被告设计了本款以"AI 陪伴者"为核心卖点的软件，在缺乏针对可能侵权内容的审核机制的情况下，被告当然可以预见有用户会上传含有自然人肖像的内容。

第二，用户可以设定与 AI 角色的身份关系、任意相互称谓并通过制作素材"调教"该角色，从而形成与原告真实互动的体验。被告对于软件的上述功能设置还涉及自然人的人格自由和人格尊严。法律规定一般人格权，系在经济、科技、社会生活等不断发展变化的情况下，保持人格权法律体系的开放性，体现对各种无法纳入具体人格权的人格利益的保护。在适用一般人格权规定时需要注意把握以下原则：其一，一般人格权的核心要义在于保护人格权主体的自我决定、人格完整、自我尊严的价值；其二，只有在具体人格权规范不能囊括特定人格利益时才适用一般人格权；其三，要避免一般人格权范围的无限扩大，合理平衡个人意志与公共利益的关系。作为公众人物，原告对于公众基于喜爱之情进行的情感表达以及基于言论自由及言论监督进行的合理批评等，负有容忍义务。但被告以创新为名，将原告的整体人格形象进行商业化利用，且进行了侵害原告人格尊严的功能设计，显然超过了原告应容忍的范畴。将用户与虚拟人物之间的关系塑造为"调教"——这一词语通常用于长对幼、上对下、人对物等不对等关系中，还会涉及一般人格权的侵权问题。用户及 App 平台未获许可以上述方式利用原告的人格要素，构成侵害原告一般人格权的行为。

第三，虽然具体图文由用户上传，但被告的产品设计和对算法的应用实际上鼓励、组织了用户的上传行为，直接决定了软件核心功能的实现，被告不再只是中立的技术服务提供者。即使以算法推荐应用较为广泛的内容聚合平台为例作为对比，也可以发现其与本案情形有本质区别。在内容聚合平台中，用户在平台上传或创作内容，平台集合内容并向用户展示，平台在搜索、排名、推荐等环节均有可能有算法应用。但是在该类平台中，上传内容的用户是浮出的，即用户均可知晓某特定用户创作了内容，并且可以进入该创作用户页面；平台通过技术来优化内容的聚合及展示效果，连接不同用户，不参与内容本身的生产。但在本案中，用户仅能概括性地知晓语料来自其他用户，上传、创作用户并不浮出，软件也不集中展示用户创作页面及内容以达到用户与用户的连接，因此其与内容聚合平台的模式并不相同。据此法院认为，案涉软件系通过规则设定、算法设计，组织用户形成素材并提供给用户，故而被告的行为构成直接的内容服务提供行为，被告属于内容服务提供者。

第四，将公众人物作为虚拟人，实质上构成了对自然人人格形象的整体性虚拟化使用，是一种新商业模式的探索。对此，普通网络用户实际上几无可能从其他自然人处获得授权。如果将本案中被告作为技术服务提供者进行规制，那么事实上将面临"无内容可审核"或"无内容可通过"的局面，不可能给用户带来持续的更好的使用体验。相反，作为特定商业模式的运营者和内容服务提供者，被告以企业名义获得公众人物、公众形象权利人对特定权利或权益的合法授权并将其提供给网络用户使用，则更具现实可操作性，更有利于该模式的发展。在庭审过程中，被告也陈述道，其对部分动漫形象的使用的确获得了著作权人授权。而案涉软件由于流量、用户数的积累，也开始了与部分公众人物合作进行线下活动的尝试，这更证明了以企业名义获得授权显然比用户个体获得授权的可能性更大。当然，在此过程中，必须严格遵守法律规定且不得违反社会公序良俗。

综上，如果将姓名使用从被告使用原告整体形象中予以剥离，将不利于完整评价案涉软件的商业模式，故而依照《最高人民法院关于适用〈中华人民共和国民法典〉时间效力的若干规定》第2条的规定，对于被告的行为是否属于侵害原告姓名权的行为，法院适用《民法典》第1012条的规定。被告在应用软件中将含有原告姓名的AI虚拟角色提供给用户使用，属于商业化使用原告姓名的行为，被告未举证证明用户或被告使用原告姓名获得原告许可，被告的行为属于侵害原告姓名权的行为。此外，若原告姓名系由用户随意选择与添加，创设及"调教"该AI角色的用户未获授权，则其与被告构成共同侵权。

需要指出，"AI陪伴侵权案"原告系社会公众人物，具有较强的舆论影响力，可以承担较高的诉讼成本。然而，对于普通社会大众而言，如果其人格利益在虚拟空间中遭受侵犯，往往会面临维权难的问题。他们没有足够的时间、精力和法律知识进行诉讼，甚至不知晓自己被侵权，这些障碍使得很多人难以接近司法，实现正义。① 虚拟人技术对侵权责任法产生了冲击及挑战，以行为人为中心的侵权责任和以生产者为中心的产品责任，在分散虚拟人相关的损害风险方面存在一定的局限性。这是因为，民事法律责任规则体系的构建，是建立在人类中心主义、人作为唯一法律主体、主体与客体不可相互转化、责任制度功能多元化等理论预设基础上的。多数虚拟人具有深度学习的能力，可以与人产生情感上的交流与互动，这在一定程度上改变甚至颠覆了上述理论预设。

三、框架体系：基本类型与概念图谱

（一）基本类型

以下笔者从法律主体、IP地址以及内容功能三个角度，对虚拟人进行类型划分与分别介绍。

第一，主体角度。元宇宙中的虚拟人与真实世界中的人并非一一对应，如果把虚拟人进行分类的话，可以分为两类：一类是可以与真实世界中的人的身份对应的虚拟人，这意味着一个真实世界中的人，可能在元宇宙中拥有一个与其对应的虚拟人身份，也可能拥有多个虚拟人身份，但是不管如何，这些虚拟人最后都可以归属于某一个主体身上。那另一种虚拟人呢？就是完全不能与真实的人进行对应的一类虚拟人。比如，"初音

---

① 伊森·凯什，奥娜·拉比诺维奇·艾尼. 数字正义：当纠纷解决遇见互联网科技. 赵蕾，赵精武，曹建峰，译. 北京：法律出版社，2019：55.

未来"是世界上第一个使用全息投影技术举办演唱会的虚拟偶像，在日本收获了很多粉丝，其中有人坚定地认为"初音未来"是他们的终身伴侣，甚至还举办了和"初音未来"的婚礼。

第二，技术角度。虚拟人也可以根据是否具有 IP 地址进行分类，即有 IP 地址的虚拟人和无 IP 地址的虚拟人。有 IP 地址的虚拟人，更倾向于娱乐性的存在。无 IP 地址的虚拟人，更多是偏向于功能性的存在，比如虚拟员工、虚拟主持人等。功能型虚拟人大多有人工智能和深度学习在其背后驱动，可以进行类似于人的意思表达。

第三，内容功能角度。内容功能其实与上述是否具有 IP 地址是有密切关系的。基于内容的产生及用途，可以将虚拟人分为四种：服务型虚拟人（PGC＋功能型）、虚拟偶像（PGC＋IP 价值）、数字化身（UGC＋功能型）、创作载体（UGC＋IP 价值）。四类虚拟人在制作上技术相通，但在应用上有完全不同的发展路径。

由于在虚拟世界中具有很强的沉浸感和真实感，人们在虚拟空间里的情绪反应会很强烈，并给人们的心理和生理方面造成极强的不安感和不适感。然而，故意杀人罪、故意伤害罪、强奸罪、强制猥亵罪等犯罪要求犯罪对象是现实中的自然人，虚拟人虽然在理论上是可永生的，但其并不具有现实中的生命，故按现有法律规定，针对虚拟人不可能构成上述罪名。

（二）概念图谱：数字人、虚拟人与数字孪生

对于虚拟人的大量炒作正在形成，伴随着炒作还有一堆困惑：当旁观者把数字人（digital human）与虚拟助手（virtual assistant)、虚拟影响者（virtual influencer）、深度假人（deep fake），甚至机器人混为一谈时，在不知不觉中，人们看似在谈论同一个话题，实则却在说着不同的事。看似有很多争议的讨论，而本质上却指鹿为马。数字人、虚拟人、数字虚拟人、数字孪生、虚拟助手、虚拟影响者与深度假人，甚至 AI 机器人，是一回事吗？这些概念之间有什么不同？所涉及的法律问题是否不同？我们能否建立一个清晰的图谱以说明它们所处的位置？讨论虚拟人及其与周边概念的边界，意义在于对虚拟人这个领域进行规范划分，以便通过准确而清晰的概念界定厘清不同行业的合规风险及法律问题。

数字人、虚拟人、数字孪生，三者均是通过计算机图形学技术（computer graphic，CG）创造出的与人类形象接近的数字化形象，并被赋予特定的人物身份设定，在视觉上拉近了和人的心理距离，为人类带来更加真实的情感互动。此三者都不具有现实存在的身体，本体均存在于计算设备中，以数据的形式、以设备为依托而存在。但倘若严格区分，三者还是存在一些细微的差异。三者的关系如图 1-1 所示。

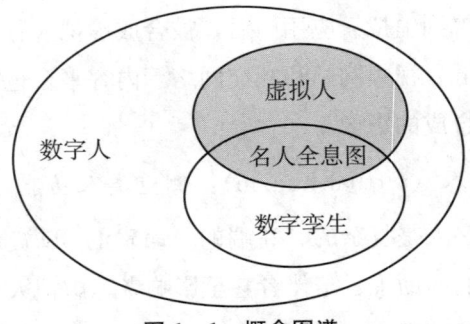

图 1-1　概念图谱

1. 数字人：侧重类人外表

简而言之，数字人是一种逼真的 3D 人体模型，它利用高端功能，在外观（皮肤阴影或头发梳理）和运动（准确的索具和动画）方面产生类似于真人的效果。不过，所有 3D 人体模型都是"数字人"吗？答案是不一定。"数字人"是一种新趋势，与照片现实主义的突破密切相关，而人类 3D 模型已经存在了很长一段时间。事实上，第一张 3D 人脸出现在 1976 年的电影《未来世界》中，而数字人的热潮始于 2015 年，这要归功于一个由行业专家组成的数字人联盟（digital human consortium）。

技术上已初步支持通过照片、视频快速生成虚拟人，尽管 3D 虚拟人因为与周围环境融合效果差，较难伪造人脸识别结果，但我们也要在未来发展中，重视加强合理使用和风险防范。例如，人脸合成应用初期出现了一些滥用案例，包括合成恶意影像、伪造虚假录像等。业界正在积极开发活体识别等技术，以便能尽早发现和清除网站中的伪造内容。腾讯研究院也在持续跟踪"深度合成"方面的政策进展与技术应对方案。将相关技术部署到虚拟人应用中后，被合成虚拟人冒用身份的风险会显著降低，视频网站和社交网络等内容平台也能快速高效地清理恶意合成的影像。

2. 虚拟人（virtual human）：侧重类人功能

如果数字人是复杂的、高端的、昂贵的 3D 资产，那么虚拟人则是我们的助手、陪伴者甚至影响者。虚拟人更侧重其在外观、智能等方面与人的相似性，在难辨真假的同时可以与人进行交互。"虚拟"这个词，彰显出虚拟人试图和你我一样真实，它可能具有职业、性格，甚至自己的故事。

从功能主义角度而言，数字人更侧重于强调类人的外表，而虚拟人则更侧重于强调类人的功能。虚拟人可以替代部分人工工作，用于标准化内容生产，降低人力成本和风险，例如导游、客服、交互助手等，虚拟人商业变现迎来广阔增长空间。不同类型的虚拟人对应不同的落地场景，构成庞大的虚拟人市场，给予各市场参与者广阔的探索，以及发展商业模式的空间。

2021年度万科总部的最佳新人奖获得者虚拟员工崔筱盼是万科的一名AI财务员工，她负责催办的单据核销率达到91.44%，该效率比人类高出许多。其实，不只是万科，阿里、百度、B站等也都设置了虚拟员工。

究其原因，不外乎两个重要因素，即成本和风险。第一是减少成本，虚拟人便宜且好用。虚拟员工可以24小时×365天工作，完全不需要休息，不会向老板罢工，不会要求加薪，也不会"摸鱼"。第二是降低风险。近年来，太多明星的不良新闻导致被代言企业利益受损，虚拟偶像则完全不存在这样的问题。譬如，欧莱雅推出了虚拟代言人；热门的柳夜熙、洛天依等，都是相关机构推出的虚拟偶像。

3. 数字孪生：对人的忠实复制

数字人或虚拟人通常具有自己的独立数字身份。相反，数字孪生则是真人（通常是名人）的"复制品"。这个想法不是创造一个随机的代理，或者从零开始设计一个人，而是尽可能忠实地复制一个可识别的公众人物的外观和表情。当然，这类作品的背景和法律含义略有不同。

数字孪生大多都与对应的真实的人具有高度相似性，尤其是在外形、姓名及身份特征等方面，这些真实的人大多都是社会名人或者明星。当真人转化为数字孪生时，可能会将社会名人及明星的商业利益扩展至虚拟空间中，最为常见的便是广告代言问题。尽管目前《广告法》尚未明确此类情形可以被直接视为名人的代言行为，但是，目前已经有不少地方文件对此作出了规定。譬如，上海市市场监督管理局2022年1月20日发布的《商业广告代言活动合规指引》中指出，"对于一些知名度较高的主体，如：知名文艺工作者、知名体育工作者、专家学者、'网红'等明星艺人、社会名人等，因其具有高度身份可识别性，虽然广告中未标明身份，但公众通过其形象即可辨明其身份的，属于以自己的形象，利用了自己的独立人格进行广告代言，即使是以不为公众所熟知的其他身份，如'××体验官'等进行推荐证明，也不能改变广告代言人的身份特征"。因此，数字孪生本质上可以被视为真实的人在虚拟世界的延伸。因其具有身份辨识度，数字孪生与无法进行身份识别的、不能与真实的人进行一一对应的数字人或虚拟人截然不同。

针对数字人与数字孪生进行区分，具有重大的法律意义。就数字人而言，其肖像权处于灰色地带，其外形通常是遵循建模活动制定的程序。当一家公司从零开始创造一个数字人时，它可以避开诸多棘手的法律问题，而数字孪生则不可避免地面临此类问题。譬如，有些是把已经去世的艺术家"复活"，让其在人群面前继续表演。演员的复活，伴随着永恒职业的承诺，一开始也许只是一次性的表演呈现（比如已故的彼得·库欣（Peter Cushing）在《星球大战：侠客一号》中的出现），但很快就可能成为永久的存在。在这巨大的商业价值背后，必然也有伦理道德问题。死者的人格权益如何获得保障，遂成为重点。

四、法律风险：虚拟人背后的法律课题

在虚拟人的不同应用场景下，会产生不同的法律课题。其中，既有可能涉及财产纠纷，比如盗窃或损害数字资产等，也有可能造成人格利益的侵权问题，比如对名誉权、姓名权、肖像权、著作权等的侵权问题也是不容忽视的，还有可能涉及科技伦理等问题。

（一）人格权课题

在元宇宙中，人们可以自由设定虚拟分身的名称和社会形象，通过虚拟分身进行生产、消费和投资，与元宇宙中其他的人和物进行交互，这必然涉及真人与虚拟分身之间的法律关系。该虚拟分身同样具备名称、肖像、荣誉和隐私等人格属性，该人格属性应当是依附于自然人的，且呈现出与现实世界中的自然人人格权部分相同但不等同的人格形态。网络用户采用注册虚拟网名的方式，以虚拟人格依法参与网络空间活动，可以为现实中的网络用户本人带来精神层面的愉悦感，有时也可以为其创造实实在在的物质财富。因此，在网络空间对网络

用户虚拟人格的侵害亦能转化为对网络用户本人在现实中的人身权利、财产权利等合法权益的侵害。在网络环境中虚拟的名称必然与现实生活中的自然人相对应，故网络侵权责任的权利和义务主体均应由虚拟名称所代表的自然人承担。

根据国家互联网信息办公室、公安部、商务部等多部门于2021年4月发布的《网络直播营销管理办法（试行）》，涉及展示虚拟形象的，"直播营销平台应当加强新技术新应用新功能上线和使用管理，对利用人工智能、数字视觉、虚拟现实、语音合成等技术展示的虚拟形象从事网络直播营销的，应当按照有关规定进行安全评估，并以显著方式予以标识"，"直播间运营者、直播营销人员使用其他人肖像作为虚拟形象从事网络直播营销活动的，应当征得肖像权人同意，不得利用信息技术手段伪造等方式侵害他人的肖像权。对自然人声音的保护，参照适用前述规定"。

伴随虚拟人技术的不断发展，人类的"身体存在"问题出现了新变化。身体存在的场域不再局限于现实世界，而是延伸到了基于人工智能和移动互联网的"虚拟现实"领域。[①] 虚拟人在建模路径、驱动方式、交互方式、内容形态等方面各具差异，在虚拟世界中呈现出多样化的数字身份特性。网络平台为人们安放平行人格提供了可能，单一的民事主体可以在网络上分裂出多重虚拟人格。在行为活动层面，多重虚拟人格的行为归属于不同的虚拟人格主体，虚拟人格的可识别性是具有局限性的，

---

① 简圣宇．"赛博格"与"元宇宙"：虚拟现实语境下的"身体存在"问题．广州大学学报（社会科学版），2022（3）．

与民事主体的人格识别并不总是完全重合；在法律责任层面，虚拟人格的法律责任都要归属到实际做出行为的民事主体。①

人工智能的不断发展，逐渐显现出脱离设计者控制（智能性）、自主独立运行（自主性）等特征，对传统私法规则体系造成了冲击。即在既有法律面临新技术挑战时，立法者和裁判者应回应这种挑战，确保交易的安全和快捷，填补法律漏洞，而不是任由"代码即法律""技术自治"等替代法律的调整功效。② 随着数字时代的到来和人工智能的发展，如何保障个人身份建构自由，从深层次上反映了个人在社会交往中实践人格自由的演化发展需要，这也就意味着法律对个人身份的保护不应该停留在形式意义上的静态保护而应更多地关注这种身份背后区别于他人身份的实质性内容。③

从最初的 AI 换脸到现在的 AI 虚拟人，技术虽然在不断地更新与变化，但其本质——人格要素虚拟化并没有改变，不同的只是程度罢了。将自然人的人格要素虚拟化，实际上是人格要素在虚拟空间中的一种延展。即便是被虚拟化的人格要素，依旧属于人格要素的概念范畴。人格要素是体现个人社会特质的人格，标示着全面整体的人，由多种要素所共同构成。人格权只存在于权利人自身的人格上，其以人格要素为客体，以享有人格利益为目的，人格权与民事主体同在，不得转让或

---

① 李佳伦. 属地管理：作为一种网络内容治理制度的逻辑. 法律适用，2020（21）.

② 吴烨. 论智能合约的私法构造. 法学家，2020（2）.

③ 陆青. 数字时代的身份构建及其法律保障：以个人信息保护为中心的思考. 法学研究，2021（5）.

抛弃。人格权有一般人格权与具体人格权之分，一般人格权是指以人的独立、自由尊严为内容的人格权利，其标的包括生命、健康、自由、名誉等全部人格利益，是一种总括性权利。而具体人格权指基于特定人格要素所享有的人格权，包括生命权、身体权、健康权、姓名权、肖像权、名誉权等传统种类的人格权，也包括人格商业化权等新兴种类的人格权。人格要素虚拟化带来的侵权问题，不仅会涉及对姓名权、肖像权等具体人格权的侵害，还可能涉及对人格尊严、人格自由等一般人格权的侵害。

另外，对于虚拟主体是否具有名誉权等人格权益这一问题，有以下不同观点：第一种观点是，网络虚拟主体之间的交往一般是匿名的，一个网络虚拟主体针对另一个网络虚拟主体进行侮辱或诽谤，并不会使在被侮辱、诽谤的网络虚拟主体背后的与之相联系的自然人的社会评价降低，也不会使其现实利益受损，因而，网络虚拟主体的名誉权无从谈起。第二种观点是，网络虚拟主体本身没有名誉权，名誉权的真正主体是与其可以对应的、背后的民事主体。即便看似是网络虚拟主体的名誉受到了侵害，但实际上，真正被损害的是其背后的民事主体的名誉。对此，可以参考张某诉北京××电脑技术有限责任公司侵权纠纷案。该案中，法官认为"网络社区中虚拟人物虽不享有人格权以至不享有名誉权，但如其同现实社会中的自然人相联系、相对应以至成为某自然人的称谓指代时，对虚拟人物的毁誉褒贬便直接及于对应的该自然人"[①]。

---

① 吉林省吉林市中级人民法院民事判决书（2004）吉中民一终字第728号。

在徐某某、葛某某等名誉权纠纷案中，法官对虚拟主体背后民事主体的判定标准是：第一，虚拟主体是否呈现出个人特征；第二，虚拟主体与真实的人之间在生活、工作等方面是否具有相互关系；第三，真实的人是否参与了线上线下活动等；第四，一般社会公众认知程度如何。[1] 概言之，虚拟主体本身不具有民事法律主体资格，也不是权利与义务的承担主体，若要落实虚拟主体背后的民事法律主体，则需要构建起虚拟主体与真实的人之间的关联性。譬如，"真人转化型虚拟人"是指以明星真人的视觉形象为基础，通过对其重要特征的提取和使用所创造出的和明星真人具有极其相似的形象的虚拟数字人，如以易烊千玺为原型的虚拟人"千喵"、以黄子韬为原型的虚拟人"韬斯曼"等。如果上述真人转化型虚拟人未经权利人的同意，那么有可能涉及侵犯其人格权益的问题。

有观点认为，"人格要素虚拟化"是人格权商品化的新形式，系一种独立的财产权益，此类观点有待商榷。[2] 不同于以往的数字人，虚拟人更侧重于智能交互等深层次内容。虚拟人几乎和自然人一样真实，它可能拥有职业、性格以及自己的故事。从功能主义视角而言，数字人更侧重于强调类人的外表，而虚拟人则侧重于强调类人的功能。换言之，若数字人是高端且昂贵的网络游戏资产，那么虚拟人则是人们的"助手"、"陪伴者"甚至"影响者"。因此，人格要素虚拟化涉及的更多是人格权，而人格权是自然人固有的权利。在现代市场关系中，

---

[1] 参见江西省丰城市人民法院民事判决书（2021）赣0981民初6464号。
[2] 参见上海市浦东新区人民法院民事判决书（2016）沪0115民初88312号。

虽然公众人物能通过支配和利用自己的人格要素获得重大的经济利益，但是这仅是以人格要素作为获得经济利益的手段，并不能改变人格权的非财产权的基本属性。就此而言，人格要素虚拟化并不影响人格要素作为人格权保护客体的这一事实。

将自然人的人格要素虚拟化，并通过 AI 算法技术就可以生成一个相对独立的虚拟角色，其可以与用户进行"聊天互动"。互动模式因规则、算法、用户标签等因素具有不确定性、趣味性等特点，其性质类似于网络游戏。但是，由于 AI 算法技术的介入，故产生了诸多新型纠纷及法律风险。[1] 各种权力关系主导着网络技术，它们拥有各种制度、体系、网络以及组织形式。[2] 在上述"AI 陪伴侵权案"中，法院也特别指出，软件搜索栏中出现了大量公众人物或形象的 AI 角色，大量用户围绕该 AI 角色创作符合共同"调教"者希望的角色性格。此类规则及算法显然会不断吸引更多用户使用该公众人物的肖像、视频、音频等进行创作、上传，而用户获得这类公众人物的肖像、姓名使用许可的可能性是很小的，这必然引发大量的侵权风险。[3]

（二）财产权课题

2023 年 1 月 10 日起施行的《互联网信息服务深度合成管

---

[1] 伊森·凯什，奥娜·拉比诺维奇·艾尼. 数字正义：当纠纷解决遇见互联网科技. 赵蕾，赵精武，曹建峰，译. 北京：法律出版社，2019：11.

[2] 罗伯特·赫里安. 批判区块链. 王延川，郭明龙，译. 上海：上海人民出版社，2019：190.

[3] 参见北京互联网法院民事判决书（2020）京 0491 民初 9526 号.

理规定》第 17 条规定："深度合成服务提供者提供以下深度合成服务，可能导致公众混淆或者误认的，应当在生成或者编辑的信息内容的合理位置、区域进行显著标识，向公众提示深度合成情况：……（三）人脸生成、人脸替换、人脸操控、姿态操控等人物图像、视频生成或者显著改变个人身份特征的编辑服务；（四）沉浸式拟真场景等生成或者编辑服务……"这一规定重点明确了深度合成信息内容标识管理制度和深度合成服务提供者主体责任。

虚拟主播、虚拟偶像、虚拟员工等商业化模式正在不断推广，这一切背后的推动者是科技公司及资本市场。制造出一个虚拟人物，需要极大的资本投入，所以其中必然涉及财产权益问题，尤其是企业产权保护问题。虚拟数字人的创作和生成依赖计算机图形学、图形渲染、动作捕捉、深度学习、语音合成等多种技术手段，倾注了开发者的劳动成果和智慧，具有可观的经济价值，同时其存储于特定的网络空间，成为一项虚拟财产。对于虚拟人技术的财产权益保护，大致有以下几个方面。

第一，目前许多虚拟人具有功能性，譬如音乐类虚拟人、舞蹈类虚拟人，其所演绎的相关歌曲、舞蹈、MV、短视频等可以作为一种视听作品，由运营方与相关主体约定著作权归属。对此，需要注意一种特殊问题，即"中之人"问题。"中之人"这个词来源于日语，指的是操纵虚拟偶像进行直播的人，一般指提供声音来源的真实的人。在一般情况下，虚拟偶像的运营公司会与声音提供者签订演艺经纪合同，约定声音提供者提供给虚拟偶像声音，这一行为系演绎行为，所有权归运营公司所有。但是问题在于，这项约定针对的是声音所演绎的作品,还是声音本身呢?对此,很难一概而论。另外,声音提供者的个人不当行为,还可能影响到虚拟偶像的人设,进而令其商业价值贬损。比如,此前 hololive 公司旗下的"赤井心"和"桐生可可"两个虚拟偶像的声音提供者,连续发表辱华言论,最后导致该公司的日本虚拟偶像被禁入中国市场,给该公司带来了巨大的商业损失。①

第二,关于虚拟人技术的软件及算法保护。虚拟人呈现在我们面前,依赖于智能建模、图像生成、内容分析、动作抓取等十分复杂的计算机程序及算法。在软件及算法的开发过程中,企业耗费了大量的人力、物力和财力,因此,应当认可企业对于虚拟人技术的相关权益保护,尤其是财产权保护。

这里需要格外提及的是深度合成技术的相关规定。深度合成(deep synthesis,也被称为 deep fake)作为虚拟人技术的新实践备受关注。《互联网信息服务深度合成管理规定》明确了深度合成服务提供者和使用者的信息安全义务,对深度合成技术作出了较为明确的规定和指引。根据该规定的内容,凡是涉及深度合成的商业应用场景均属于该规定调整的范畴,譬如 AI 语音、NFT、虚拟演唱会、全息影像投影、虚拟人、数字人、AR 购物等。

近年来虚拟主播越来越普遍,相比真人主播,虚拟主播可以不间断地进行带货,不受时间和精力等人为因素的限制,同时也大大降低了直播成本和直播风险。一个虚拟主播

---

① 虚拟偶像,难逃塌房. (2021 - 08 - 20). https://www.thepaper.cn/newsDetail_forward_14133380.

的诞生，需要诸多技术的支持，虚拟主播在可以带来巨大商业价值的同时，也具有一定的法律风险。若是通过合同约定的方式将涉及虚拟主播的权利明确约定为某一方所有，那么这也意味着，如果虚拟主播出现了泄露用户信息或隐私、违背社会公序良俗等法律问题时，该权利主体也可能需要承担相应的法律责任。

第三，虚拟人通过 AI 自动生成的内容归属问题。比如虚拟作家写诗、虚拟画家作画等，这些内容应当归属于谁？对此无论是在司法裁判中还是在学术界，都存在着一定的争议，并不好一概而论地得出结论。不过，运营企业可以通过合同约定的方式，明确 AI 自动生成的内容归企业所有。在不违反法律的强制性规定的前提下，这些约定一般会得到法院的认可。

（三）利益冲突化解

需要格外注意区分科技伦理和公序良俗，两者虽然有关系，但并非完全等同。比如，你有可能和一个虚拟人产生感情，该种沉浸式体验可能给你的精神心理状态带来影响；当你和一个网恋对象正在聊天时，你其实难以知晓对方究竟是真实的人还是虚拟人，你以为是和真实的对象进行情感互动，但实际上对方是一个由程序操控的虚拟人。上述例子均可能改变人们在现实世界中的行为模式，这可能存在一定的伦理道德风险，但并不意味着必然会触犯法律或违背公序良俗。唯有伦理问题涉嫌违反公序良俗的，才会牵扯法律问题。公序良俗是由"公共秩序"与"善良风俗"组成。其中，公共秩序是指国家社会的存在及其发展所必需的一般秩序，善良风俗是指国家社会的存在及其发展所必需的一般道德。公序良俗要求民事主体的行为应当遵守公共秩序、符合善良风俗，不得违反国家的公共秩序和社会的一般道德。

由于社会在每个不同的发展阶段都会有处于优势地位且应当率先实现的价值目标，在立法活动和司法活动的过程中，处于优势地位的价值目标应该首先得到立法者和司法者的充分尊重。在保证优势价值目标实现的前提下，其他处于弱势地位的价值目标也需要得到体现，使强势利益与弱势利益取得相互的平衡。罗斯柯·庞德所说的"最好的法律应该是能够在取得最大社会效益同时又能最大限度避免浪费"，也即法律在调整各种相互冲突的利益时，不仅要在最大限度上满足各冲突主体的利益需求，同时也要尽量减少摩擦避免资源浪费。利益冲突是普遍存在的，关键在于判断其是否会达到违法的程度。那么，虚拟人和真实的人之间是否有利益冲突呢？何种利益冲突是法律的规制对象呢？

当今，人工智能已经逐步具有一定程度的自我意识和自我表达能力，可以与人类进行一定的情感交流。在实践中，人工智能可以为我们提供接听电话、语音客服、身份识别、翻译、语音转换、智能交通的服务，甚至是案件分析。有人统计，现阶段23％的律师业务已可由人工智能完成。人工智能本身能够形成自学能力，对既有的信息进行分析和研究，从而提供司法警示和建议，甚至有人认为人工智能未来可以直接当法官。人工智能已经不仅是一个工具，而且在一定程度上具有了自己的意识，并能作出简单的意思表示。这实际上对现有的权利主体、程序法治、用工制度、保险制度、绩效考核等一系列法律制度提出了挑战,我们需要妥善应对。①

在人工智能时代,由于法律的滞后性,既有法律规范时常难以直接有效规范与调整与人工智能相关的法律纠纷,这在一定程度上暴露出现行法律规范的漏洞。如何填补此类法律漏洞,有待于司法裁判者发挥手中的自由裁量权,对有关法律规定进行目的解释与法律续造,这也在一定程度上彰显了司法能动性。不过,法官的法律续造活动应该在规范的程序与一定的范畴内进行,否则容易演变为公权力对私人关系的过度干涉。基于人类追求利益的盲目性、无止境性以及片面性,利益不平衡甚至利益冲突在现实生活中不可避免。其根源在于,社会物质资源是利益产生的土壤,也是现实利益的媒介。社会物质资源的有限性和利益主体需求的无限性决定着这两者之间不可能存在供需平衡的状态。

因此,相关利益主体在追求自身利益最大化的过程中,为争夺有限的社会物质资源,也就必然会发生冲突。正如罗斯柯·庞德所言:"人本性中欲望的扩张性与社会本性具有矛盾,正是这一矛盾产生了利益冲突的根源。"既然利益冲突无法避免,就需要借助外力对冲突的利益进行平衡。法律作为一种协调利益关系的有效手段,具备协调和平衡利益冲突的功能,是实现利益平衡的长效机制。法律以权威方式分配已有利益,将其固定在法律条文之中,并以国家名义要求民众遵守,进而达到化解利益冲突的目的。首先,法律识别、确认和衡量各项存在冲突的利益,之后确定利益分配的原则、范围、数量和质

---

① 王利明. 人工智能时代提出的法律问题. 北京日报,2018-07-30.

量，进而在各利益主体之间分配利益，并确认每一项利益的主体所享有的权利和应当承担的义务；其次，法律对社会中的弱势主体的利益进行倾向性保护，在分配利益时对其给予特殊考虑，以实现强势群体与弱势群体之间的利益平衡。

虚拟人不仅具有和人类类似的外形，甚至开始进入和参与人类社会生活乃至家庭生活，替代人类从事曾经一度专属于人的各种工作。随着人工智能技术和元宇宙领域技术的不断发展，虚拟人可能会产生和人类一样的"情感"，甚至在元宇宙中成为一种相对独立的存在，随之也对既有法律规范带来了挑战与冲突。近年来，不断发生的"虚拟杀人""虚拟强奸""虚拟猥亵"等事件，因实施侵入计算机信息系统获取计算机信息系统相关数据等行为，有可能构成非法侵入计算机信息系统罪、非法获取计算机信息系统数据罪等计算机相关犯罪；"虚拟强奸""虚拟猥亵"可能因利用程序控制虚拟人或传播电子淫秽书刊、影片、音像、图片等行为，而构成非法侵入计算机信息系统罪、非法获取计算机信息系统数据罪、传播淫秽物品罪等；"虚拟抢劫"则可能因利用程序控制虚拟人并劫取财物而构成非法侵入计算机信息系统罪、非法获取计算机信息系统数据罪、抢劫罪；"虚拟盗窃"可能因实施侵入计算机信息系统、获取计算机信息系统相关数据等行为而构成非法侵入计算机信息系统罪、非法获取计算机信息系统数据罪、盗窃罪。

根据庞德的社会法学理论，他认为利益可以看作人们不管是单独的还是在群体或社团中或在其他关联中的一种寻求满足的需求、渴望或期望。庞德提出了非常详细的利益列表，将利益分为三类：个人利益、公共利益与社会利益。其中，公共利益是指以国家的名义提出的一种国家利益,大致可以分为作为法人的国家利益和作为社会利益监管者的国家利益。而社会利益相比前者是一个更加广泛的利益范畴,可以具体分为公共安全、社会制度、公共道德等。[1] 在一定程度上,庞德的公共利益与社会利益大致等同于我国《民法典》上的国家利益与社会公共利益(或公序良俗)。不过,"国家利益"与"社会公共利益"是否需要区分以及如何区分,是一个难点,同作为不确定性概念,在赋予法官裁量权作为价值补充时,两者具有类似性。[2]

在虚拟人相关法律纠纷中,主要涉及三大利益:个人利益、社会公共利益和产业利益。三者之间如何进行动态平衡和价值判断,遂成为法律续造的关键所在。回归至虚拟人问题,应当首先厘清其中所涉及的利益层次,其中不仅包括个人利益——这包括多数学者所探讨的个人信息保护或人格权问题,还可能涉及社会公共利益。然而对于后者大多数学者仅从道德伦理的角度予以探讨,很少从实定法的角度出发。利益法学强调个人利益与社会利益相结合的新功利主义,对只重视形式逻辑和概念操作的概念法学进行了批判。[3] 实际上,无论是立法者还是司法裁判者,首先应当界定利益,并对利益冲突进行判断,诉讼两端的争端使得裁判者必须面对利益冲突作出利益衡量。尤其是法官在填补法律漏洞时,经常会运用到利益划分

---

[1] 罗斯科·庞德. 通过法律的社会控制. 沈宗灵,译. 北京:商务印书馆,2010:41-47.
[2] 韩世远. 合同法总论.4版. 北京:法律出版社,2018:228.
[3] 梁上上. 利益衡量论.2版. 北京:法律出版社,2016:23.

原则或利益冲突理论。根据利益法学的原则，法官需要首先掌握与该判决相关的利益，然后对这些利益加以比较，并且根据他从制定法或司法先例等处得出的价值判断方法，对这些利益加以衡量，最终决定该价值判断标准偏爱的利益获胜。①

五、法律适用：从"技术中立"迈向"技术向善"

虚拟人的诞生，核心在于将人类逻辑演算自动化，是用户上传内容与 AI 算法技术深度融合的结果。② 当发生侵权纠纷时，识别责任主体往往会面临诸多困境。在虚拟空间中，虚拟人依然可以被视为自然人的人格要素在虚拟空间的一种延展，并不能将自然人的人格要素与虚拟空间中的虚拟人完全割裂看待。就此而言，如何划分用户与技术提供者之间的责任，技术提供者在何种情况下应当承担连带责任，遂成为重点。但是，由于法律本身的滞后性，既有法律规范往往难以直接有效规范与调整新型法律纠纷。在司法实践中，法官不得不通过对法律规范的目的解释与法律续造，将新型法律纠纷的法律适用回归至既有法律规范框架中。

（一）避风港原则：利益衡量及适用边界

在互联网时代，多数 App 平台采用用户自主生成内容、

---

① 吴从周．概念法学、利益法学与价值法学：探索一部民法方法论的演变史．北京：中国法制出版社，2011：193.
② 尼克．人工智能简史（第 2 版）．北京：人民邮电出版社，2021：28.

平台提供技术帮助的模式。在该商业模式下,用户是直接侵权行为人,平台往往会以"并非行为人"为由主张免责。因此,如何判断技术提供者的侵权责任,遂成为重点及难点。判断 App 平台是否构成共同侵权,需要考量侵权结果是由多人还是由一人行为造成的。多数人侵权情形,包括狭义的共同侵权、教唆帮助侵权、共同危险行为,以及无意思联络的数人侵权的侵权形态。对于共同侵权,理论上存在主观共同故意、共同过错及包含主客观共同的争议。共同故意,是指行为人明知且意欲协力导致损害结果的发生,共同行为人具有共同追求的目标,相互意识到彼此的存在,且客观上为达致此目标而协力,各自作出了一定数量的、相互之间有一定联系的行为。

事实上,随着产业模式的快速迭代创新,网络服务提供者在发掘和满足用户需求的过程中,对算法的应用方式在不断创新,应用程度也在不断加深。司法需结合具体情况,综合评价算法的技术设计、部署、应用及其与特定目的的关联,才能更符合产业实际,从而真正规范和促进产业健康发展。近年来,司法裁判已经显现出一种倾向,即通过"利益冲突"理论工具判定网络服务提供者的注意义务。这一司法过程,看似在"法律之外",却实际上仍在"法秩序之内",法官需要厘清多方利益冲突,并在利益衡量之基础上作出适当的价值判断。[①] 面对虚拟空间法律上的难题,利益衡量是一种妥当的解决问题的方法。[②] 法律推理主要解决法官释法、法律发现及法律获取等

---

① 王泽鉴. 民法总则. 增订版. 北京:中国政法大学出版社,2001:284-288.

② 梁上上. 利益衡量论. 2 版. 北京:法律出版社,2016:71.

问题,而法律续造则是填补法律漏洞,其与法官释法有所不同。不过法律续造是在法官释法基础上进行的更深层次的工作。在填补法律漏洞时,法官需要正确理解各种法律规范之间的逻辑关系及法律原则的立法初衷,梳理清楚涉案的各方利益冲突,在此基础上,运用利益衡量作出适当的价值判断。

《民法典》第 1195 条(避风港原则)[①]的目的仅是避免网络服务提供者无条件地承担严格责任。[②] 避风港原则彰显了利益衡量的色彩,该条款主要是为了平衡网络服务提供者、用户及被侵权人的利益,避免动辄将网络服务提供者作为直接侵权者判令其承担侵权责任,而对产业发展或新商业模式造成过于沉重的打击。[③] 在该原则下,网络服务提供者可以通过加强对用户上传内容的审核来强化平台内容管理、降低侵权风险,从而实现平台持续健康发展。《民法典》第 1195 条中所指的"网络服务提供者",通说认为既包括网络内容服务提供者,也包括网络技术服务提供者,该条款规范的是网络用户或网络服务提供者直接实施侵权行为的责任承担。不过,第 1195 条第 2

---

① 《民法典》第 1195 条规定:"网络用户利用网络服务实施侵权行为的,权利人有权通知网络服务提供者采取删除、屏蔽、断开链接等必要措施。通知应当包括构成侵权的初步证据及权利人的真实身份信息。""网络服务提供者接到通知后,应当及时将该通知转送相关网络用户,并根据构成侵权的初步证据和服务类型采取必要措施;未及时采取必要措施的,对损害的扩大部分与该网络用户承担连带责任。""权利人因错误通知造成网络用户或者网络服务提供者损害的,应当承担侵权责任。法律另有规定的,依照其规定。"

② 王迁.《信息网络传播权保护条例》中"避风港"规则的效力.法学,2010(6).

③ 杨立新.多数人侵权行为与责任.北京:法律出版社,2017:333.

款、第 3 款中的"网络服务提供者",则仅包括网络技术服务提供者,该条款规范的是在网络用户直接实施侵权行为、网络技术服务提供者未直接实施侵权行为的情况下,网络技术服务提供者的责任承担。因此,网络服务提供者的不同业务性质,决定其不同的注意义务。

(二)技术提供者的注意义务:基于商业模式的类型划分

在司法实践中,对于网络服务提供者的注意义务,通常依据如下裁判逻辑进行判断:第一,侵权者已知或应知侵权行为;第二,适用过错原则[1];第三,网络服务提供者分为内容提供者与技术提供者,两者的注意义务不同;第四,网络服务提供者的注意义务与其获利密切相关。[2] 实际上,上述裁判逻辑具有诸多解释困境:第一,证明网络服务提供者具有过错并非易事,对于何为"明知",实践中认识比较统一,难点在于对于"应知"的判断标准。也正是因为如此,不少权利人跳过通知的程序直接到法院起诉,法官往往只能依据个案情况进行自由裁量,难免出现同案不同判的问题。[3] 第二,对于网络服务提供者的性质划分,无论是内容提供者抑或技术提供者,均无法从根本上清晰地划分其注意义务的不同层级,在裁判中,

---

[1] 吴汉东. 论网络服务提供者的著作权侵权责任. 中国法学,2011 (2).

[2] 赵筝,李子旋. 网络服务提供者已尽合理注意义务的不应承担侵权责任:河南高院判决银都公司诉优酷公司侵害作品信息网络传播权案. 人民法院报,2021 - 07 - 29 (7).

[3] 徐明. 避风港原则前沿问题研究:以"通知—删除"作为诉讼前置程序为展开. 东方法学,2016 (5).

仍然需要结合具体商业模式予以探讨。第三，我国地方法院在司法实践中创造性地对"必要措施"作出了扩张解释，认为网络服务提供者在接到权利人的通知后所应采取的"必要措施"不限于删除、屏蔽、断开链接，甚至提出需要考虑形式要件及实质要件，即是否采取合理的手段与方式（形式）以及是否实现应有的效果与目的（实质）。① 第四，对于"获利"究竟应是直接获利抑或间接获利，裁判中仍具有较大争议。

笔者认为，技术提供者应当承担怎样的注意义务，与其商业模式密切相关。对于虚拟人技术提供者的注意义务，既不宜采取一刀切模式，也不宜简单依据平台性质界定，而应当关注技术提供者的商业模式，尤其应厘清"用户生成内容"（user generated content，UGC）与"平台业务"之间的关系。换言之，根据两者的不同关联程度（从强到弱），划分不同层级的注意义务。目前，虚拟人技术提供者的商业模式主要有二。

一是面向个人用户端的 IP 运营业务，主要指通过形象包装、放大个性化特质等形成 IP 标签，App 平台聚集大量用户流量后，进行多方向盈利变现。"AI 陪伴侵权案"中的案涉软件即为此类，从使用方式上看，被告通过软件规则和算法设置，允许用户在软件中自由设定 AI 角色的名称（无法通过机器自动审核的除外），其中包含了包括原告在内的大量自然人的真实姓名。虽然 AI 角色并非真实的自然人，使用方式亦不属于盗用原告身份从事一定活动的情形，用户也不会误认为该 AI 角色为自然人本人，不符合《民法典》第 1014 条中规定的

---

① 参见北京市海淀区人民法院民事判决书（2018）京 0108 民初 49421 号。

"干涉、盗用、假冒"的情形；但是，如果不使用自然人的真实姓名，软件中 AI 角色的生动性将大大减损。可以说，案涉软件中 AI 角色包含与其对应的真实人物的姓名、肖像，是被告吸引用户、构建其商业模式的重要因素。二是面向企业端的功能型业务，App 平台向需求功能性虚拟人的下游客户提供个性化定制服务。

显然，在第一种商业模式中存在"用户生成内容"与"平台业务"之间的"强关联"，平台理应承担较高的注意义务。这是因为，在此场景下，平台借助用户生成内容获得大量的流量，获得了直接或间接的商业利益。相比用户行为，技术提供者才是规制的重点对象，其并非单纯的技术提供者，而是整个商业交易模式的真正受益者。在"流量为王"的互联网时代，平台从中获得了巨大的商业利益，提升了自身的商业价值。[①]就此而言，若平台未设置任何的审核规则及机制，应当被认定为"对于用户的侵权行为有放任之态势，存在主观故意"，具有主观过错。

在强关联场景下，用户上传的内容更类似"素材"而非完整的内容。以上述"AI 陪伴侵权案"为例，用户创设角色的姓名、肖像时，软件提供信息存储空间，将用户创设的姓名及上传的肖像图片存储至服务器；用户创设或添加角色时，案涉软件提供已有虚拟人物角色的搜索服务，并且提供算法推荐服务。用户创作语料时，案涉软件提供编辑、上传服务，用户可

---

① 马修·辛德曼. 数字民主的迷思. 唐杰，译. 北京：中国政法大学出版社，2016：118.

以自行上传或选择其他用户上传至服务器的图片、视频、音频等。用户与虚拟人聊天互动时，App 根据用户的选择推送互动内容。实际上，案涉软件的商业模式决定了其软件规则、算法设计，通过组织用户参与内容创作并从中获益。对此，北京互联网法院认为，用户将作品"置于信息网络中"才是直接侵权的行为，技术提供者仅提供其他用户可获得的"通道"，是其构成仅提供技术服务、享受"避风港"权利或仅承担间接侵权责任的前提。①

（三）"不以营利为目的"：能否构成免责事由？

通过技术创设虚拟人，将自然人的姓名、肖像、人格特点等综合而成的整体形象投射到该虚拟人，是对该自然人整体形象和人格表征的利用。尤其是当虚拟人与真实的自然人高度关联时，容易让用户产生一种与该自然人真实互动的情感体验。创设 AI 角色多是基于对该人物的喜爱，如"AI 陪伴侵权案"中的 App 软件，提供了一种符合年轻人心理需求的情感投射方式。基于公众言论自由的行使，公众人物的人格利益自然应受到一定程度的限缩。不过，该限缩亦具有边界，其中的"度"在哪里呢？用户或技术提供者能否以"不以营利为目的"主张免责呢？"以营利为目的"是否系肖像权侵权的必要条件？

法律意义上的肖像，蕴含了肖像权人基于其肖像而享有的人格利益。《中华人民共和国民法通则》第 100 条曾规定："公

---

① 参见北京互联网法院民事判决书（2020）京 0491 民初 9526 号。

民享有肖像权,未经本人同意,不得以营利为目的使用公民的肖像。"不过,《民法典》将"以营利为目的"从肖像权侵权的构成要件中予以删除,强化了对自然人肖像权的保护。① 就此而言,"以营利为目的"并非肖像权侵权的必要条件。不过也有观点认为,虽然《民法典》不再以"以营利为目的"作为肖像权侵权构成要件,但"营利性"对于认定典型的肖像权侵权、区分侵权行为和非侵权行为,以及在法律的救济效果方面仍然有其法律意义。尤其是在侵害肖像权的经济利益的赔偿上,应当区分营利性使用和非营利性使用,并考虑限制性因素。②

另外,《民法典》第1020条也针对"合理使用"作出了规定。③ 合理使用制度,旨在平衡肖像权人与使用人之间的利益。一般而言,对于公众人物肖像权的合理使用,大多是为了维护公共利益,譬如,行为人为了实施舆论监督、行使言论自由的行为,在开放平台中对公众人物进行合理评价而使用其肖像。肖像使用者于合理使用情形下利用的并非他人肖像中的经

---

① 《民法典》第1019条第1款规定:"任何组织或者个人不得以丑化、污损,或者利用信息技术手段伪造等方式侵害他人的肖像权。未经肖像权人同意,不得制作、使用、公开肖像权人的肖像,但是法律另有规定的除外。"

② 王绍喜.《民法典》时代肖像权保护解释论.法律适用,2021(11).

③ 《民法典》第1020条规定:"合理实施下列行为的,可以不经肖像权人同意:(一)为个人学习、艺术欣赏、课堂教学或者科学研究,在必要范围内使用肖像权人已经公开的肖像;(二)为实施新闻报道,不可避免地制作、使用、公开肖像权人的肖像;(三)为依法履行职责,国家机关在必要范围内制作、使用、公开肖像权人的肖像;(四)为展示特定公共环境,不可避免地制作、使用、公开肖像权人的肖像;(五)为维护公共利益或者肖像权人合法权益,制作、使用、公开肖像权人的肖像的其他行为。"

济利益，因而不需要支付报酬。[①] 用户上传其他自然人的肖像图片，创作或使用其他用户提供的肖像图片，将他人的人格要素虚拟化后，通过AI算法创作"语料"供自己或其他用户使用，并将他人的肖像结合姓名、一定的身份关系等塑造成一个"AI陪伴者"并对其进行"调教"，该做法明显不属于对肖像进行学习、艺术欣赏、科学研究的行为。

六、结论

虚拟人是元宇宙的重要组成部分，虚拟人经济已经具有较大的市场规模。元宇宙是平行于现实世界的虚拟世界，现实世界的自然人在该虚拟世界中也可以拥有虚拟身份，并借助该虚拟身份完成沉浸式的交互感知。正是如此，虚拟人对于人类社会的影响，不仅体现在娱乐游戏等领域，更是会对人的生活与精神产生影响。甚至虚拟人既可以是人在虚拟世界的延伸，也可能以独立个体的形态存在于虚拟世界中。现实世界与虚拟世界之间不断地进行深度交互，必然会导致更多的新型法律纠纷，这不仅包括人格权益纠纷，还包括财产权纠纷。如何处理此类纠纷，不仅考验着现行法律体系的解释张力，还考验着法学学者对于新兴技术的理解。我们需要透过技术外壳观察其法律本质，这也是科技法治重要的使命之一。

[①] 温世扬，刘昶. 肖像权的特质与规则表达. 上海政法学院学报（法治论丛），2021（4）.

近年来，无论是法律领域抑或是科技伦理领域，一直在倡导"科技向善"，这是为了应对技术高速发展而提出的一种新理念。人工智能的独特之处在于其自主性，这种自主性或来自技术本身，或来自应用过程中他人赋予它的角色。在进行归责时，我们要甄别其背后真正的责任主体，而不能令"科技中立"成为逃避法律责任的幌子。技术向善的核心是"以人为本"，将法律规范与社会伦理相结合。虚拟人的问题，最终仍然需要回归至人的范畴中探讨；虚拟世界的纠纷，最终仍然需要回归至现实世界中解决。对此，私法调整具有重要的意义，不仅可以有效降低法律成本，还可以平衡与协调多方利益冲突，避免盲目立法和超前立法等扼杀创新。法律规范与科技发展之间，是一场持续的、动态的博弈，法律需要根据具体情形对新技术予以适当调整。若法律规定得太严苛，会扼杀科技创新的原动力；但若科技跑得太快，则会形成法律监管的真空地带，从而引发违法问题。科技产业的发展，关乎社会公共利益甚至国家利益。因此，在面对新兴科技的时候，法律不仅需要考虑个人利益与社会公共利益之间的平衡，有时还应当将产业利益纳入考量范畴。

第二章

元宇宙中的自治组织：DAO 是法人吗？

一、背景

DAO（decentralized autonomous organization），常被翻译为"去中心化自治组织"，是适应元宇宙的新型组织形态。DAO 的概念最初是由美国作家奥里·布莱福曼（Ori Brafman）在名为《海星模式》的书中提出的。他在书中把中心化组织比喻为蜘蛛，把分布式组织比喻为海星。这是因为把蜘蛛的头切掉后整个蜘蛛就无法生存了，而海星被撕下的每只触手都可成长为完整的海星。DAO 是一种将组织管理和运营规则以智能合约的形式编码在区块链上，在没有第三方干预的情况下自主运行的组织形式。DAO 的组织规则由代码监督运行，这使得 DAO 摆脱了传统的人际信赖，在低信任模式下仍然可以形成组织，在虚拟世界里，使彼此陌生的用户可以广泛参与全球协作。

DAO 是一种特殊形态的智能合约，可以理解为是为某一目的而建立的一系列智能合约组合。根据以太坊（Ethereum）的官方定义，DAO 是一群志同道合的人围绕某一个使命而建立的组织，该组织通过在区块链上执行的一套协议进行协调和合作，最终达成该使命。以太坊同时还作出解释，可以将 DAO 视为"由其成员集体拥有和管理的互联网商业体"（internet-native business），该组织没有"董监高"等管理人员，所有运营事务都由智能合约安排妥当，任何决策都由其成员提案产生,并由全体成员投票决定,每一个成员在组织中都拥有自己的"话语权"(everyone in the organization has a voice)。

目前,DAO 正在颠覆许多行业,尤其是汇兑、借贷、风险投资等领域,以及慈善行业、收藏品行业、社交行业、内容行业、人力资源行业等多种行业。DAO 的类型十分多样,依据不同的功能定位,其可以分为协议型 DAO、投资型 DAO、赠款型 DAO、服务型 DAO、媒体型 DAO、社交型 DAO 和收藏型 DAO 等。但无论何种类型、何种规模,DAO 的组织职能都可以归纳如下:将松散的社交群组转变为一个由平等成员驱动的社团,团体成员达成关于治理规则的基本共识,以实现组织最初的价值承诺。目前,不少观点认为,DAO 正在对传统公司制度造成冲击,即将成为一种新型的有限责任公司形态。除智能合约与公司章程的区别、中心化管理与去中心化管理的区别外,DAO 的成员在组织中拥有比传统公司成员更多的话语权,其大多数时候并不因自己所占股权比例较小而丧失自己的声音。

上述描述听起来十分美好,但是 DAO 并非完美无缺。DAO 依托于区块链、智能合约等计算机技术,而这些技术本身并不完全成熟,必然存在着安全隐患。著名的"The DAO"系统漏洞事件就是例证之一。2016 年,当时世界上最大的众筹项目 DAO——"The DAO"上链不久便遭到黑客攻击,黑客利用代码中的可重入性漏洞(reentrancy vulnerability)发动了攻击,造成超过 5 000 万美元的以太币被盗,最后以太坊被迫以"硬分叉"方式挽回损失。在区块链世界中,技术狂热者秉持着"代码即法律"的理念,但是,在具体实践中,上述理念难以真正落实,甚至可能有悖社会的公平与正义。一旦在运作过程中产生法律纠纷或财产损失，就可能面临难以追责及缺乏事后救济等问题。当我们把组织管理、运作与资源分配均交由代码完成时，在一定程度上，该组织也就丧失了人性表达和磋商空间。更何况技术本身也常有系统漏洞及代码错误，一旦出现了错误执行，将可能面临无法更改和无法挽救的问题。人性固然复杂，但若某一组织完全依赖于冰冷的代码，我们则有理由对其保持必要的警惕。

二、典型案例："The DAO"系统漏洞事件始末

（一）基本情况

"The DAO"是 slock.it 公司 2016 年 4 月 30 日通过以太坊区块链平台发起的智能合约项目。该项目可被定义为"由程序代码管理的风险投资自治基金"，目标是为商业组织和非营利企业提供一种新的去中心化商业模式。"The DAO"是去中心化自治组织的首次落地，该项目运用区块链智能合约技术，由代码自动执行，使各节点同步更新并防止被任意篡改，通过时间戳技术令组织内部的会计数据、运行数据被永久记录，以避免道德风险、代理风险等风险发生。简言之，该项目构建了一种全新的资产管理方式：在以太坊区块链上发布智能合约，通过智能合约众筹资金（以太币）并发放代表用户权利的通证，并且通过"通证股东"投票的集体决策达成对投资提案的共识。[①]

---

① 朱晓武，魏文石. 区块链的共识与分叉：The DAO 案例对以太坊分叉的影响分析及启示. 管理评论，2021（11）.

项目包含五个账户：DAO 主账户（DAO main account）、额外余额账户（extra balance account）、DAO 盈利账户（DAO reward account）、红利账户（reward account）和子账户（child account）。用户参与"The DAO"项目的过程可以分为三个阶段：初始融资阶段、运行阶段、用户分离和退出阶段。"The DAO"的账户关系如图 2-1 所示。其中，额外余额账户用来存放通证溢价带来的以太币，在特殊条件下可以参与投资。对于投资项目而言，当一项提议经过集体投票表决通过后，DAO 主账户的以太币通过智能合约转至指定的投资项目账户中。若用户不同意该项目，相应的资金将会转入子账户并不再参与投资。当该投资项目盈利时，回报以以太币的形式发送至 DAO 盈利账户中。盈利账户连接 DAO 主账户和子账户，用户通过申请可以将盈利资金转入上述两个账户。用户想要获得分红时，可以申请将以太币从 DAO 主账户转入红利账户，红利是根据用户的通证份额进行分配的，并不会再用于后续投资。

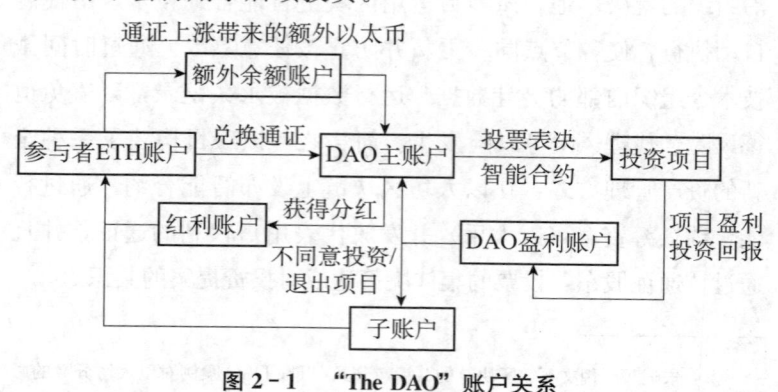

图 2-1 "The DAO"账户关系

（二）黑客事件

2016年6月17日，黑客利用"The DAO"代码里的一个可重入性漏洞，不断地从"The DAO"资金池里抽离资产。随后，黑客又利用"The DAO"的第二个漏洞，避免抽离后的资产被销毁。由于该程序缺少中心化管理者，并疏于对程序维护者进行激励，因此，6月18日黑客利用项目漏洞共转出360多万枚以太币。以太坊社区对此作出了紧急决策，并主张修改交易记录，以找回被黑客盗走的以太币。但该提议被部分用户坚决反对，他们认为，上述做法将对区块链交易不可篡改这一核心价值造成根本性冲击，违反了"代码即法律"的基本理念。最终，以太坊核心开发团队决定实施硬分叉（创建新版本网络），修改以太坊的底层代码，所有的节点、矿工、交易所和应用软件都要在旧网络和新网络之间进行选择，从客观上作废了黑客所盗的以太币。[1] 硬分叉技术导致以太坊分成新旧两条独立的区块链，即"以太坊"和"以太坊经典"。其中，89%的矿工投票赞成并选择了新网络，11%的矿工决定留在旧网络上。虽然两个分支均有用户参与，但分叉显然影响了以太坊社区的发展。

该事件发生后，美国证券交易委员会（SEC）经调查认为，"The DAO"发行的通证（DAO Token）属于美国证券法上的证券。[2] 那么，这一定性是否准确？"The DAO"的法律

---

[1] 王延川．"除魅"区块链：去中心化、新中心化与在中心化．西安交通大学学报（社会科学版），2020（5）．

[2] The U. S. Securities and Exchange Commission. Report of Investigation Pursuant to Section 21（a）of the Securities Exchange Act of 1934：The DAO, July 25, 2017.

性质是公司吗？若是，又是何种公司形态？……此类问题均有待立法进行澄清。该事件表明，DAO 的性质不明，带来了一系列法律风险。一方面，当 DAO 与其他民事主体发生交易时，可能无法有效划分组织本身和成员间的责任；另一方面，在黑客袭击事件发生后，DAO 组织自身与现有法律均无法保障 DAO 成员的财产权益，破坏了区块链的信赖基础，进而限制了 DAO 的长远发展。

（三）总结

DAO 的优势是避免纠纷发生、去中心化。相关判决较少的原因之一或为区块链的架构设计是去中心化的，而司法机构则为中心化争议解决平台，二者基本理念相悖。以 Aragon DAO 为例，其组织内部有独立的争端解决机制。Aragon DAO 成立于 2016 年 11 月，是目前全球规模最大的 DAO。它是区块链以太坊上的一个可以让任何人创建和管理任意组织（公司、开源项目、非政府组织、基金会、对冲基金等）的平台，AragonDAO 负责为创建和使用 DAO 的个人或组织提供对代币、投票和财务等进行管理的 DAO 工具或应用程序（DApp）。Aragon DAO 通过访问控制清单（access-control list）指定特定成员代表组织实施一定行为，通过多个智能合约的集合确定组织内部的行为准则。[①] 在社区治理方面，Aragon DAO 实行治理提案制度，一般涉及资源的管理、分配

---

① 刘涛, 袁毅. 去中心化自组织管理的形态、特征及差异性比较. 河北学刊, 2022（3）.

及使用等内容。Aragon DAO 发布提案后，成员投票表决，系统会自动执行，最终实现组织功能。若发生争议，Aragon DAO 会启动"法庭协议"（court protocol）这一争端解决机制，成员可以通过缴付押金成为"审判员"，在一定期限内作出裁决，结果以多数意见为准。事后，提供审判服务的成员可以获得相应的报酬。[①]

此外，从组织法角度而言，DAO 的法律性质、利益相关者（包括但不限于开发人员、矿工、节点、用户）的身份界定尚需讨论。从传统民法角度而言，黑客攻击是否属于不可抗力？因黑客攻击而损失的以太币是否属于侵权行为法中的纯粹经济损失？……这些问题均有待进一步厘清与解决。

三、穿透数字面纱：DAO 是法律意义上的组织吗？

随着人工智能、区块链等技术的不断发展，技术要素开始不断注入团体和团体法中，成为改造当代私法、私法人和私法权利的重要力量。不同于传统结社模式，基于区块链的团体成员位于计算机终端，以实现社团共同目标作为其固有职能。在人工智能时代，基于区块链的团体逐渐承担了多种社会职能，却并未改变其去中心化自治组织的基本属性，无须将其视为一

---

① 郭少飞. 再论区块链去中心化自治组织的法律性质：兼论作为法人的制度设计. 苏州大学学报（哲学社会科学版），2021（3）.

种全新的、无法被既有法律所包含的新事物。此类新型团体的自治模式，并未脱离团体法规则的解释框架。另外，去中心化自治组织在保护成员个人权利和集体权利的同时，也限制了团体成员的部分权利和自由，因此其并非极端的个人自由主义的产物。

（一）运行机理

DAO 的核心并不在于"去中心化"，其本质在于"去信任化"。它们使世界各地既不认识也不彼此信任的人们，可以朝着共同目标共同努力。不需要信任，因为组织的规则和治理都嵌入在 DAO 代码中，该代码是透明的、不可变的，是任何人都可以验证的。因此，DAO 为全球范围内的许多新合作打开了一扇门，所有这些都没有中央中介。如果你有一个愿景或想法，但缺乏资金或网络，那么建立一个 DAO 很可能是一个可行的选择。

以"DAO stack"为例，它构建了一种新型组织自治框架（governance scheme），俨然具有了组织的雏形。在该系统中，组织成员被称为"代理"（agency），他们是智能合约治理结构的基本单位。该智能合约的治理规则如下：第一是加密资产分配，每个组织成员都可以发行或分配加密资产，尤其是分配给智能合约中的突出贡献者；第二是加密货币分配，组织成员可以通过智能合约系统移转或获取加密货币，此功能旨在补偿组织内的特别贡献者或服务提供者；第三是名誉分配，组织为其成员分配"名誉分值"，这类似于信用评估分数，"名誉"仅属于组织成员且无法转让，是组织成员的重要信用证明，会直接影响其在智能合约体系内的权限。① 上述组织的治理功能通过两种规则实现：一是"可做的"（dos），二是"不可做的"（don'ts）。对于该规则的判断，是基于共识机制的投票表决完成的（在第五章详细解释何为共识机制）。其中，"可做的"是指共识机制认为符合组织预设功能的事项或程序性规则。譬如，若多数当事人达成共识，同意发行某一种新代币，那么智能合约将会自动触发并执行。而"不可做的"则是共识机制认为必须予以禁止的事项。

DAO 是由一系列智能合约所控制的特殊组织，智能合约使组织能够自主运行，而不需要中央中介或权威机构。代码及其中包含的协议，允许全球匿名独立方进行无信任交易。此外，由于代码的不可更改属性，一旦智能合约部署到网络上，就无法对其进行修改。因此，智能合约可以执行 DAO 的决策、投票，甚至自动利润分配等诸多任务，通过这一系列的操作完成 DAO 组织的运营。通过智能合约，DAO 可以使用外部信息并根据该信息执行任务和命令。智能合约通常必须包括某种形式的代币创建及发行程序。此后，代币可以由 DAO 组织使用，用于激励某些特定活动或用于投票表决。这是因为，代币的重要功能之一是明确投票权，有关 DAO 的决定，通常是通过 DAO 成员投票提案产生的。

DAO 与既有的法律上的组织在结构上存在差异：第一，DAO 一般没有中心化的管理者，DAO 成员之间相互平等。第

---

① An Operating System for Collective Intelligence. （2018 - 04 - 22）. http：//daostack. io/wp/DAOstack-White-Paper-en. pdf.

二，DAO 成员资格是相对动态且灵活的，成员可能在某一时间内参与组织，但在某一时间由于缺乏兴趣或其他原因而退出 DAO。因此，DAO 的治理模式是通过平等方式实现的，通常更依赖团体的共识。根据区块链共识机制的不同，国外学者将 DAO 分为两种基本类型（见图 2-2）：算法型 DAO 和参与型 DAO。算法型 DAO 完全通过共识机制决定 DAO 的全部功能，譬如比特币、以太坊等均是如此；而参与型 DAO 则是仅通过共识机制进行表决和投票，并不决定系统内的所有事项，譬如上文所讲的"DAO stack"[①]。

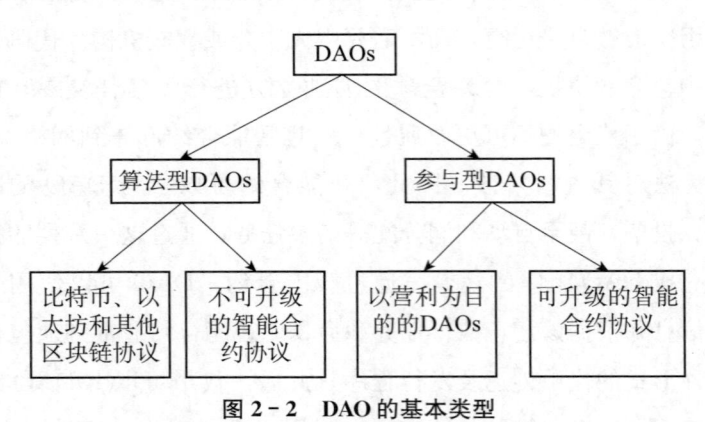

图 2-2 DAO 的基本类型

（二）基本特征

DAO，无论属于何种类型，无论其规模如何，其功能都

---

① Making DAOs Legal with Aaron Wright from OpenLaw. (2021-06-02). https://unstoppabledomains.com/en-us/blog/making-daos-legal-with-aaron-wright-from-openlaw.

可以被归纳如下：将松散的社交群体转变为一个由贡献者驱动的团体，团体成员达成治理规则的基本共识，以实现团体目标。技术支持者认为，DAO是基于计算机程序的新型组织形态，是基于分布式分类账（如区块链）构建的自动智能合约，而不是由分层管理结构管理。在DAO中应用智能合约技术有助于在规定的条件下进行自动化组织治理和决策，改善共识机制以吸引更多小股东的参与，并减少组织日常管理的时间和成本。DAO的财务和交易记录可以保存在安全的数字分类账上，此种功能具有防篡改特性，可以防止他人伪造或更改系统数据。DAO的成员可实现对其出资的实时控制。

1. 去中心化

DAO的最大特点是去中心化，即其摆脱了自上而下的中心化组织形式，具有自下而上的"自发性"。在DAO的架构中，团体自治规则的制定及变更的权力，交给了通证（token）持有人、参与者或"矿工"等成员。成员可以通过区块链共识机制发起提案、投票，以实现团体自治。简而言之，DAO就是没有领导者的一群人在区块链上建立自己的组织，通过社区自治建立自己的治理规则，并根据智能合约做出去中心化的决策。自治规则确保社区成员的利益平衡及团体目标的实现，形成了一种由团体成员自发的自治秩序。

2. 非实体组织

几个世纪以来，法律一直承认非物质实体的存在，这些实体的重要性不断增长。例如知识产权或应收款，它们没有任何物质形式，但可能具有很大的价值。DAO是智能合约的一种类型，但其不同于通过DAO签订的智能合约。DAO应被视为一种元契约类型，其对 DAO 的参与者之间缔结目标契约的方案予以设定。因此，DAO 可以被视为参与者之间形成的一系列法律关系，相应地，其参与者也会拥有特定的权利和义务。在 DAO 的场景下，成员之间的法律关系通常以不同于传统契约的方式创建，而主要依赖于智能合约予以履行，因此 DAO 具有自动执行的属性。

3. 自动执行

DAO 通过执行代码自动运行，缺乏像公司董事和高级管理人员这样的传统代表。但 DAO 及其参与者还是可以与 DAO 之外的实体建立外部关系，这种情况一般发生在 DAO 编程的开发人员与 DAO 内容的外部提供者之间。例如，"预言机"（oracle machine）便是 DAO 参与者与外部内容提供者之间的工具，可以提供 DAO 相关资产价值可信的外部数据。通过 DAO 形成的许多法律关系可以归类为传统法律体系认可的关系（如买卖合同或租赁合同），但对于 DAO 本身的法律处理存在困难。当前的法律系统根本不承认 DAO 的存在时，很难将 DAO 归由特定辖区管辖。从这个意义上说，DAO 是一个抽象的存在，它逃避了简单的法律分类，也很难归于特定的法律秩序。[1]

（三）DAO 的团体法意义

DAO 是智能合约的一种特殊形态，表现为"一系列合同

---

[1] Krzysztof Wojdylo. What is DAO from the legal perspective？：Blockchain，Smart contracts and DAO//Wardyński，Partners. https：//newtech. law/wp－content/uploads/2017/08/Wardynski-and-Partners-Blockchain-smart-contracts-and-DAO-2. pdf，2016：19－21.

的联结"(a corporation is a nexus of contracts)①。在DAO中，会涉及多方主体，譬如：通证持有者（token holders），他们拥有较大的权限，并可以从智能合约中获取利润；合约设计者（coders），他们了解智能合约的构造，但并不真正参与合约运作；服务承包者（contractors），他们为智能合约提供某些服务；还有平台（如以太坊）及其创造者、策划者（curators）等主体。正是这些不同角色的主体相互连接，才构成了一个组织化系统。

DAO可以被视为一种"框架合作协议"，它制定了组织成员的共同目标，划分了当事人之间的权利与义务。DAO可以执行类似于公司、基金会、协会或合作社等组织的业务，这一切取决于创建DAO时的目标为何。在该系统内，管理层和其他参与者的目标有时可能不尽相同，但是均在追求各自利益的同时推进智能合约的运作与经营。针对智能合约中的决策事项，位于节点上的当事人使用中央处理器（CPU）算力进行投票（达成共识），通过算力维持区块链的正常运转，当事人可以随时离开和重新加入该区块链网络。②

当事人对DAO的组织信赖，来自去中心化的区块链运行环境，其避免了依赖中央机构或在相互不信赖个体之间建立起的信赖关系。DAO的分布式记账技术，依赖于计算机的算力进行运作。该技术通过特定算法构建出区块链网络，位于计算机节点上的当事人共同维护区块链账目（或曰副本），并使得

---

① Kenneth Ayotte, Henry Hansmann. A nexus of contracts theory of legal entities. International Review of Law and Economics，2015，42：1.

② Satoshi Nakamoto. Bitcoin：A Peer-to-Peer Electronic Cash System. https：//bitcoin. org/bitcoin. pdf.

该网络上的信息记录难以被篡改。在该区块链网络中，互相不信任的当事人之间可以达成稳定的共识，不用依靠任何中心化的权威机构，便可以共同维护该网络系统并对其高度信任。

有观点认为，DAO是一种新型组织，其决策不由任何个人做出，决策与行动相分离。决策以两种方式实现：通过内置于组织结构中的智能合约的算法实现，或者通过拥有公司治理权的成员或所有者基于区块链的投票实现。理论上，在组织结构由利益相关者定期更新的情况下，DAO可以通过执行智能合约来运行。在特定情形下，其行动项目由投票成员进行投票，并依投票结果行事。对于简单问题，其智能合约可在条件成就后自动处理，如向员工或供应商付款或者向其所有者支付股息。对于较复杂的问题，其会把问题提交给成员投票，这与惯常的股东投票没有太大区别。显然，在某些情况下，算法治理工具和成员投票都不是最佳选择，例如，在快速诉讼期间或与政府监管机构互动时，上述途径均难以发挥作用。因此，DAO如何整合人类控制的问题仍然悬而未决。在DAO中，没有传统公司中"董监高"的角色，其运作依赖智能合约，即通过计算机代码让组织自己运转起来，这些计算机代码里设置了收益分配方式、决策方式等重要运作规则。

若DAO不是被法律所认可的组织，那么发生在DAO与其他主体之间或DAO内部的任何法律关系，理论上都只是直接发生在DAO成员之间的关系罢了。乍一看，这一结论似乎逻辑自洽。因为DAO的正常运转似乎并不受到影响，因此讨论DAO是否具有主体地位，抑或是否是一种新型组织，诸如此类的问题看起来似乎也随之丧失了意义。但问题在于，若

DAO不能从传统的、正式的法律框架中抽象出来，那么相关责任仍然会落实在具体的成员身上，这必然会带来一系列的法律难题。以税收为例，需要确定DAO的收入来源，而不将DAO视为一种组织的话，可能会忽略其部分收入。此外，对于DAO的业务认定，通常需要结合外部服务提供者（如编程的创建者）综合判定，忽视DAO的整体性而仅观察其成员的行为，必然无法全面审视DAO的功能与业务。更何况，从现实主义角度而言，确定DAO的所有参与者的身份并不可行。

四、域外立法：美国怀俄明州《DAO法案》评析

DAO能否被视为具有权利或承担义务的民事主体呢？民事主体的基本要求之一是具有民事行为能力，即民事主体可以独立实施民事法律行为。根据我国《民法典》的有关规定，只有自然人、法人或非法人组织具有民事主体地位。DAO并非法律认可的民事主体，因此它可能不具有民事行为能力，更难以成为民事权利和义务的主体。因此，若要承认DAO是一个法律实体，具有民事主体地位，则需要通过立法明确赋予DAO民事主体地位。

2021年4月21日，《怀俄明州去中心化自治组织补充法案》（Wyoming Decentralized Autonomous Organization Supplement，SF0038）（以下简称《DAO法案》）经美国怀俄明州议会正式批准，于2021年7月1日起正式生效。该法案的通过，意味着DAO作为一种组织形式，其法律地位已经得到

认可，并且该法案进一步明确了 DAO 在设立、治理、成员权利义务等方面的法律适用。《DAO 法案》的支持者认为，该法案不仅可以免于 DAO 作为普通合伙企业被起诉，还可以巩固 DAO 作为法人的权利，并为许多 DAO 项目提供了一种清晰的结构。虽然这一新的法律框架并未解决与 DAO 相关的所有问题，但它确实消除了 DAO 成员面临的诸多法律问题。

《DAO 法案》分为两大部分（section）：第一部分为法案主体，总共 16 条；第二部分明确法案自 2021 年 7 月 1 日生效。第一部分可细分为两大模块：第一模块（W.S. 17-31-101～W.S. 17-31-104）对 DAO 及相关概念进行了界定。法案在赋予 DAO 有限责任公司（limited liability company，LLC）法律地位的同时，对 DAO 如何适用《怀俄明州有限责任公司法》（Wyoming Limited Liability Company Act）也作出了详细规定，并规定 DAO 与有限责任公司之间可以进行转换。第二模块（W.S. 17-31-105～W.S. 17-31-115）将对 DAO 的治理规则分为三大类：一是 DAO 的形成与成立、解散与清算的规则；二是章程和组织管理的规则，包括组织章程的内容、修订、重述及规则之间的效力位阶；三是成员行为准则、成员权益、成员进入及退出的规则等。

《DAO 法案》明确表示，DAO 属于《怀俄明州有限责任公司法》的适用对象。当然，怀俄明州的有限责任公司也可以根据该法案选择转换为 DAO。该法案作出了适用于 DAO 但不适用于传统有限责任公司的特别规定。例如，根据怀俄明州法规 W.S. 17-29-410，成员无权单独检查或复制 DAO 的记录，DAO 也没有义务在开放区块链上获得信息的情况下提供有关组织活动、财务状况或其他情况的任何信息。①

此外,除传统解散事由外,该法案规定DAO在以下情况解散:(1)组织确定的期限到期;(2)DAO的大多数成员投票表决通过;(3)在基础智能合约中规定的事件或者组织章程或运营协议中规定的事件发生时;(4)DAO在一年内未能批准任何提案或采取任何行动;(5)如果DAO被认为不再履行合法目的,由州务卿下令解散。② 该法案还规定,除非组织章程或运营协议中另有规定,DAO的任何成员对该组织或其任何成员都没有任何受托责任,但成员应遵守善意和公平交易的默

---

① 17 - 31 - 112. Right of members, managers and dissociated members to information.

Members shall have no right under W. S. 17 - 29 - 410 to separately inspect or copy records of a decentralized autonomous organization and the organization shall have no obligation to furnish any information concerning the organization's activities, financial condition or other circumstances to the extent the information is available on an open blockchain.

② 17 - 31 - 114. Dissolution.

(a) A decentralized autonomous organization organized under this chapter shall be dissolved upon the occurrence of any of the following events:

(i) The period fixed for the duration of the organization expires;

(ii) By vote of the majority of members of a member managed decentralized autonomous organization;

(iii) At the time or upon the occurrence of events specified in the underlying smart contracts or as specified in the articles of organization or operating agreement;

(iv) The decentralized autonomous organization has failed to approve any proposals or take any actions for a period of one (1) year;

(v) By order of the secretary of state if the decentralized autonomous organization is deemed to no longer perform a lawful purpose.

(b) As soon as possible following the occurrence of any of the events specified in subsection (a) of this section causing the dissolution of a decentralized autonomous organization, the organization shall execute a statement of intent to dissolve in the form prescribed by the secretary of state.

示合同。在此情形下，智能合约不仅对 DAO 的治理具有"话语权"，而且对 DAO 的解散同样具有"话语权"。当 DAO 陷入"僵局"长达一年时，DAO 应当被解散。此处的"僵局"类似于"公司僵局"，指的是 DAO 不能批准任何提案或不能采取任何行动，这与我国《公司法》及其司法解释的规定具有异曲同工之处，只是我国的司法解释就未能召开股东会或股东大会规定的期限是两年，但未规定其他"僵局"情形的持续时间。

值得注意的是，为解决组织章程、运营协议和基础智能合约之间的任何条款冲突，该法案规定：如果组织章程和运营协议的基础条款发生冲突，组织章程应优先于任何冲突条款；如果组织章程和智能合约的基础条款发生冲突，智能合约应优先于任何冲突条款，但某些有限的例外情况除外。对于此类 DAO LLC[①] 的管理，该法案规定，组织章程可以将 DAO 定义为成员管理的分散式自治组织或算法治理的去中心化自治组织。[②] 如果没有另行规定 DAO 的类型，则 LLC 将被推定为成员管理的去中心化自治组织。只有当基础智能合约能够更新、修改或以其他方式升级时，算法治理的去中心化自治组织才可以设立。

该法案未规定 DAO 的成员的准入门槛，允许任何人或组

[①] DAO 属于《怀俄明州有限责任公司法》的调整范畴，因此，怀俄明州的有限责任公司可以选择转换为 DAO。DAO 在其登记名称中必须包含"DAO"、"LAO"或"DAO LLC"等字样。

[②] 2022 年 3 月，怀俄明州依据实施情况对《DAO 法案》进行了修订，《DAO 法案修正案》删除了法案中对 DAO 的"成员管理"和"算法治理"二分法，肯定了成员与组织之间的密切关系，认为该二分法并不符合 DAO 的运行机理。

织通过签署组织章程（articles of organization，AOO）的方式组建 DAO LLC，该程序与设立有限责任公司的程序基本相同。不过，在组织章程中必须具备以下条款内容（固有声明）：第一，该实体是一个去中心化自治组织；第二，用于管理此 DAO 的智能合约是十六进制代码；第三，DAO 成员的权利可能与其他有限责任公司成员的权利存在重大差异。[1] 当如下情形发生时，必须对组织章程条款进行修改：第一，DAO 的名称发生变化；第二，组织章程中存在虚假或者错误陈述；

---

[1] 17-31-106. Articles of organization.

(a) The articles of organization of a decentralized autonomous organization shall include a statement that the organization is a decentralized autonomous organization, pursuant to W. S. 17-31-104, and shall set forth the matters required by W. S. 17-29-201.

(b) In addition to the requirements of subsection (a) of this section the articles of organization shall include a publicly available identifier of any smart contract directly used to manage, facilitate or operate the decentralized autonomous organization.

(c) Except as otherwise provided in this chapter, the articles of organization and the smart contracts for a decentralized autonomous organization shall govern all of the following:

(i) Relations among the members and between the members and the decentralized autonomous organization;

(ii) Rights and duties under this chapter of a person in their capacity as a member;

(iii) Activities of the decentralized autonomous organization and the conduct of those activities;

(iv) Means and conditions for amending the operating agreement;

(v) Rights and voting rights of members;

(vi) Transferability of membership interests;

(vii) Withdrawal of membership;

(viii) Distributions to members prior to dissolution;

(ix) Amendment of the articles of organization;

(x) Procedures for updating, modifying or otherwise revising the organization's smart contracts;

(xi) Dispute resolution;

(xii) All other aspects of the decentralized autonomous organization.

第三，DAO 的智能合约已更新或更改。①

DAO 可以基于任意合法目的而组建和运营，甚至不需要以营利为目的。DAO 由其成员进行管理与运营，若由智能合约等进行管理，应当在组织章程或运营协议中作出规定，否则默认 DAO 由其成员管理。DAO 的信息通过区块链公开，成员无权单独检查或复制 DAO 的记录，并且 DAO 没有义务提供有关组织活动、财务状况或其他情况的任何信息。另外，《DAO 法案》中未涉及税收问题。尽管如此，可以推定 DAO LLC 等同于传统有限责任公司。居民代理要求意味着与仅生活在区块链上的真正分散的实体相比，DAO 失去了一些分散性和匿名性。由于 DAO 严重依赖在形成期间实现的初始智能合约规则集，因此仔细编写此规则集背后的代码并在部署系统之前修复所有潜在的错误和安全漏洞非常重要。

《DAO 法案》认为，DAO 是一种类似于有限责任公司的新型组织形态。《DAO 法案》指出，除《DAO 法案》或州务卿另有规定外，DAO 属于《怀俄明州有限责任公司法》的调整范畴。上述规定明确了 DAO 在怀俄明州属于合法组织形式的法律地位。传统有限责任公司是不同于组织成员的法律实

---

① 17-31-107. Amendment or restatement of articles of organization.
　(a) Articles of organization shall be amended when:
　(i) There is a change in the name of the decentralized autonomous organization;
　(ii) There is a false or erroneous statement in the articles of organization; or
　(iii) The decentralized autonomous organization's smart contracts have been updated or changed.

体，它是法律拟制的产物，具有法人资格。不过，DAO 不同于传统有限责任公司。为区别于传统有限责任公司，DAO 在其登记名称中必须包含"DAO"、"LAO"或"DAO LLC"等字样；在组织章程中，必须说明该组织系 DAO，并且表明 DAO 的成员权利与其他有限责任公司的成员权利存在重大区别。

怀俄明州的 DAO LLC 已经成为 DAO 被赋予法律框架并被承认为正式法律实体的一种选择。尽管怀俄明州的 DAO LLC 在成立、管理、组织结构和解散方面受到规范，但其目前的法律框架并没有涵盖 DAO 面临的大多数法律问题。

五、中国语境：DAO 在中国可能是什么？

目前，不少学者关注 DAO 对公司法的冲击与影响，笔者无意于公司法的立法或修法问题，更多关注 DAO 的具体实践与合规问题。在我国的既有法律框架内，DAO 很难被直接认定为某一种组织形态，因为我国的法律中并没有专门针对 DAO 的界定，在我国的法律语境下，DAO 至多是一种组织雏形。至于它适合于哪一种组织框架，有待结合具体的场景予以综合判定（见图 2-3）。换言之，DAO 是一种构建组织的技术形态，要想厘清其法律性质，需要结合 DAO 运营的范围和目的、与 DAO 运营相关的法律风险和税务责任、DAO 成员的规模和永久性、去中心化治理程度等具体事项判定。

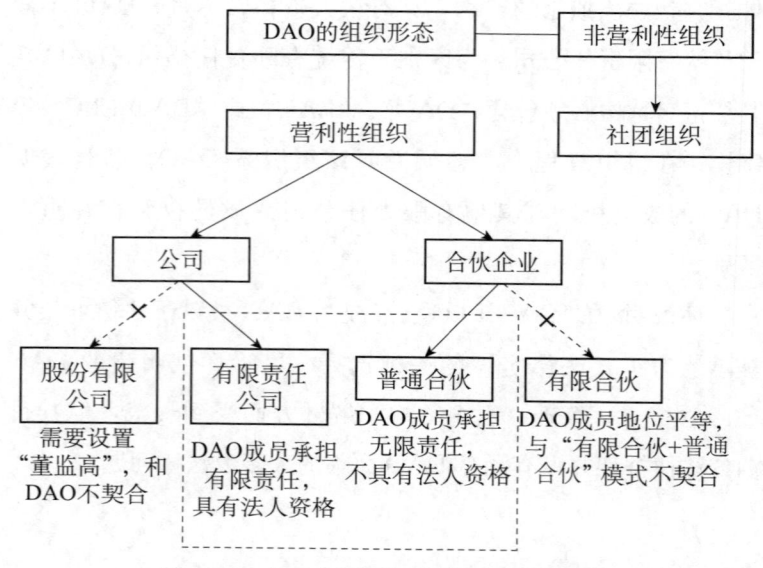

```
                    ┌─────────────┐    ┌─────────────┐
                    │ DAO的组织形态 │────│ 非营利性组织 │
                    └─────────────┘    └─────────────┘
                           │                  │
                    ┌─────────────┐    ┌─────────────┐
                    │  营利性组织  │    │   社团组织   │
                    └─────────────┘    └─────────────┘
                       ╱        ╲
                ┌─────────┐  ┌─────────┐
                │  公司   │  │ 合伙企业 │
                └─────────┘  └─────────┘
```

图 2-3　中国法律语境下 DAO 的组织形态

（一）DAO 可能成为一种公司吗？

根据美国《DAO 法案》，DAO 可以成为一种有限责任公司。属于有限责任公司的 DAO，其成员承担有限的个人责任，不对公司及其他成员的过失承担责任。DAO 的成员既是公司的股东，也是公司的成员和雇员。那么，DAO 能否契合中国的有限责任公司的框架呢？

根据我国公司法的有关规定，公司分为有限责任公司和股份有限公司两种，不包括其他以公司或者厂、部和所等命名的法人组织和非法人组织，也不包括依照其他法律组建的不以营利为目的的事业单位、社团和机关法人等。因此在我国公司法意义上，可以将公司的基本特征归纳为：首先，公司必须是企业法人，合伙、合同型联营等不属于法人；其次，公司需按公司法设立和存续，股份合作制企业、合作社、集体企业等，系依照其他法律法规组建的商业组织，虽然具有法人资格，但不属于公司。①

需要注意的是，股份有限公司与 DAO 存在天然区别，因为 DAO 的去中心化属性决定了其没有传统的"董监高"机构。而根据我国《公司法》第 108 条、第 113 条、第 117 条的规定，股份有限公司必须设立"董监高"，这与 DAO 组织设立的初衷相违背。学界有观点认为，"去中心化自治组织可以成为一种解决公司两权分立问题的技术工具"，实际上，这是对 DAO 的本质性质认识不清晰造成的一种误解。

那么，在中国语境下，DAO 能否成为一种有限责任公司？对此，DAO 必须符合我国《公司法》对于有限责任公司的规定。对于有限责任公司而言，公司的经营风险被锁定在公司的总资产之内，股东仅承担有限责任，这是有限责任公司的"限制责任"特点。根据《公司法》第 50 条的规定，股东人数较少或者规模较小的有限责任公司，可以设一名执行董事，不设董事会，执行董事可以兼任公司经理，同时执行董事的职权由公司章程规定。这似乎符合 DAO 的基本结构和组织功能。但是，对于实践中成员人数庞大的 DAO 而言，仍然难以以有限责任公司的路径实现其本土化。

DAO 要想与我国的公司法衔接，成为一种有限责任公司形态，必须从非实体组织形态转向实体组织形态，或者说形成

---

① 叶林. 公司法研究. 北京：中国人民大学出版社，2008：3.

虚实结合的实体组织形态。DAO 不可能直接导致公司董事会的消亡，也不会重构商业组织形态，其至多是一种技术支持工具。这是因为，公司法及公司治理结构均是以人为本的，譬如，信义义务和诚实信用等，都需要结合主观判断，而无法借助于代码进行一刀切的解释。从股东行权角度来看，区块链技术即使可以在一定程度上降低股东行权的外在成本，但是股东行权的内在成本一直都存在，难以从根本上解决这一问题。[①]

（二）DAO 可能成为一种合伙企业吗？

根据我国《合伙企业法》，合伙企业是指自然人、法人和其他组织依照《合伙企业法》在中国境内设立的普通合伙企业和有限合伙企业。其中，普通合伙企业由普通合伙人构成，有限合伙企业则由普通合伙人和有限合伙人共同构成。有观点认为，合伙制是目前我国法律框架内与 DAO 最为相似的一种法律结构。这是因为，DAO 在组织形态上和合伙企业有着相似之处，尤其体现在去中心化的成员共同治理规则方面。根据《合伙企业法》第 26 条第 1 款的规定，合伙人对执行合伙事务享有同等的权利，这和 DAO 成员对于 DAO 组织事务享有同等权利具有相似性。

根据《合伙企业法》的有关规定，合伙人对执行合伙事务享有以下同等的权利：（1）对合伙企业财产所享有的权利；（2）合伙企业经营效益好，需扩大投资规模时，合伙人有权优

---

① 楼秋然. 区块链技术应用背景下公司法的变与不变. 证券市场导报，2021（9）.

先投资；经全体合伙人同意对外转让其财产份额时，在同等条件下，其他合伙人有优先受让权；(3) 经营管理权；(4) 监督检查权；(5) 获得补偿的权利。在 DAO 组织中，每个成员既是股东也是雇员，因此，与合伙制中合伙人平等执行企业事务具有类似性。另外，目前大多数的 DAO，都是由成员各自缴纳所得税，而非以组织为单位缴纳所得税，这也和《合伙企业法》中规定的合伙企业的所得税缴纳规则一致。

需要注意的是，在《合伙企业法》框架下的 DAO 组织，需要考虑 DAO 成员的责任形态，即 DAO 成员可能会承担无限责任而非有限责任。这一点与有限责任公司框架下的 DAO 组织具有重大差异。

（三）团体自治与司法救济之间的冲突协调

由于 DAO 具有跨国界性，难以识别对方当事人的真实身份，甚至影响到反洗钱、反避税等管制规则的有效适用。"代码即法律"的论调，在一定程度上表达了自力救济的意义，但若无公权力对违约救济的介入，DAO 会成为法外之地。智能合约虽然是团体自治的一种新形态，但仍需要实定法的救济与保护。这是因为智能合约存在诸多不确定性，这使得其更容易引发纠纷与诉讼。但是，司法介入并非易事，智能合约具有自动执行特点，在资产发生移转之前，当事人可能根本无法通过司法程序中断交易。因此，司法救济会面临诸多挑战，如何协调团体自治与司法救济之间的矛盾与冲突，划分两者之间的边界，显得尤为重要。

一方面，司法救济面临着技术上的挑战。如前所述，

DAO 的纠纷难以提前预防，似乎也无法通过事中措施予以干涉，因此强调事后救济的传统司法手段显得格外重要。不过，当依靠传统司法救济时，需要克服如下法律障碍：智能合约基于区块链环境，这是一个具有整体性的"生态系统"，区块链的开发者无法控制交易当事人。如果法院试图改变共识机制的决议，成员既可能选择接受，也可能选择不接受，法院难以通过司法手段强制多数成员必须接受。对此，可以考虑司法程序的技术介入，将司法纠纷解决程序、在线纠纷调解程序及一键仲裁程序等嵌入智能合约系统中。

另一方面，司法救济还面临着合同解释上的挑战。裁判者需要透过代码探究当事人的真实意思表示。事先约定的章程中，总是会有不公平的成分存在。在适用合同解释的方法以外，司法裁判更重视事后调整，采取诚信、公平原则等进行利益平衡。司法裁判努力挖掘未被合同所明文表示出的潜在意思，而该种潜在的合同约定通常总是与合同密切相关。有学者将其称为"一种合作关系的增量价值分配"，认为"合同法经历了从传统以财产权属为依据，向现代依据公平原则进行利益衡量调整的一种转变"。这种事后利益平衡的解释方法，对智能合约纠纷解决具有重要意义。

DAO 组织不应脱离现行法律框架，其不仅涉及民法一般规则、合同法、侵权责任法等民事法律规则，亦涉及电子商务法、电子签名法、公司法、合伙企业法等部门法律，甚至涉及仲裁法、民事诉讼法中的证据规则，需要在实定法范畴内明确智能合约的法律依据及法律适用。代码程序和法律制度都既可能促进信任，也可能摧毁信任，两者之间并非此消彼长，而是相互促进与互补的关系。① DAO 可以发挥团体自治功能，甚至可能填补法律上的空白。对此，在夯实 DAO 及其成员法律关系之基础上，有必要通过改善民事诉讼和仲裁等中的证据规则，来协调有关法律适用的冲突。另外，还需厘清 DAO 成员的信赖基础与团体自治属性，通过技术手段搭建"自力救济＋公力救济"的双轨救济机制，实现基于公平原则进行利益衡量的司法逻辑转变。

六、结论

在传统公司架构中，组织的决策权掌握在极少数人手中，并且公司的董事、股东及高层管理者等之间存在各种利益冲突，组织的多数成员无权参与到组织决策中。与上述传统公司不同，DAO 具有如下特点：第一是虚拟的组织形态，其是由一系列智能合约所控制的组织形态，组织治理规则通过代码程序予以表彰；第二是去中心化治理模式，全体成员均具有组织决策权，大家在组织中都是平等的，组织的事项由全体成员投票决定，不需要中介或权威机构的介入；第三是开放式参与机制，原则上 DAO 允许全球匿名主体进行无信任交易。DAO 的上述特征必然会带来诸多法律问题：DAO 是否系法律意义上的组织？若是，又是何种组织？其能否被既有法律规范所调

---

① 凯文·沃巴赫. 信任，但需要验证：论区块链为何需要法律. 林少伟，译. 东方法学，2018（4）.

整？DAO发行代币或通证的行为是否涉嫌非法集资？……

比较传统公司与DAO可以发现，DAO与公司确实有诸多相似之处，两者都是为了达成某一目标而设立的团体。也正因此，美国怀俄明州《DAO法案》将DAO纳入有限责任公司范畴予以规范，并创新地构建了诸多配套方案。其中既有值得我国借鉴之处，也有难以直接适用于我国的局限性，对此需要一分为二地区别对待。在我国学界，有观点认为DAO是一种伙伴关系或新型公司，也有观点认为DAO是一种投资合同甚至证券。实际上，DAO既可以营利为目的（譬如商业投资、私募基金等），也可以非营利为目的（譬如慈善、社交等）；既可能被用于合法商业活动，也可能成为非法交易的工具。目前，不少DAO并未做到真正意义上的"去中心化"，此类DAO游离于法律规制之外，背后的责任主体往往模糊不清，一旦发生投资失败或卷款跑路等问题，势必会给投资者带来巨大损失。因此，DAO要想在中国落地，需要与我国既有法律框架衔接。无论如何，DAO终究只是一种技术手段，至于它可以成为哪一种组织形态，则需要结合具体的交易结构及功能定位，方可给出答案。

第三章

元宇宙中的契约秩序：
智能合约是合同吗？

在元宇宙时代，作为区块链交易的基石，智能合约不仅影响着新的契约秩序形成，更会对科技推动下的团体自治规则产生深刻影响。对智能合约进行系统化阐释，是民商事法律协调智慧社会中私人关系的重大任务。智能合约并非传统合同法上的某种合同，而是集合同文本、合同履行与团体自治为一体的自治框架。在尊重科技进步的理念下，引入团体法作为分析工具，系统剖析智能合约的内部构造、信赖基础及团体自治等内容，在私法语境下论证智能合约成员的团体表决机制，证成智能合约对私法理念的遵从。在此基础上，进一步对智能合约进行类型划分，明确不同类型的功能差异，从而厘清智能合约成员的权利义务关系，明确纠纷解决路径及当事人的法律责任，进而有效协调个人自由与团体自由之间的关系，促进科技进步与法治进步的共同发展，夯实智慧社会的公平与正义之法治根基。

一、背景

随着区块链技术的发展，网络交易开始由人工操作转为智能合约自动执行。"智能合约"（smart contract）名为"合约"，在技术上却是一种管理在线交易（online exchanges）的可编程应用程序,即其是一段代码而非明确的合同内容。在功能上,智能合约可以实现资产之间的交换,既可以是虚拟资产的交换,也可以是加密货币(digital token)与其他资产的交换。[1] 智能合约作为区块链交易的核心要素,金融学和科技界对其均有诸多解释。然而,由于智能合约具有较强的技术属性,传统合同法难以对其进行充分解释,因此民商法学界对智能合约或莫衷一是或姑且回避。

必须看到,智能合约带有鲜明的法律属性,其载体是代码程序,表彰的是当事人达成的、可以自动执行交易的合意。一方面,当事人内心意思通过一系列代码予以彰显。代码语言是一种特殊的程序语言,需要设计者先将人类语言转换为程序语言,在该转换中,容易产生意思表示的偏差,存在程序语言未能充分表达当事人真实意思的可能性。在此情形下,以代码形式表彰的智能合约是否属于合同以及如何判断其效力并非易事。另一方面,智能合约具有不可撤销性。即一旦代码程序中预先设置的触发条件成就时,智能合约便会自动执行。在此情况下,遂在事实上出现强制缔约现象。民法如何看待这种强制缔约的效力,如何加以规制,显得尤为重要。在就上述问题缺少学术共识的情形下,有人盲目鼓吹"技术自治",有学者甚至宣称亟待由"代码即法律"走向"法律

---

[1] Philippa Ryan. Smart Contract Relations in e-Commerce: Legal Implications of Exchanges Conducted on the Blockchain. Technology Innovation Management Review, 2017, 7 (10): 14.

即代码"①，试图渲染现有法律的规制失灵，实乃对智慧社会公平与正义的藐视，极易令新技术沦为规避实定法规范的工具。

科技与法律遵循各自不同的发展轨迹，一个是信马由缰，一个是遵循历史。伴随着区块链智能合约不断发展，技术崇拜者们不断宣扬着"代码即法律"的论调，鼓吹着"技术自治"等言论。然而，在法律与科技这两种不同力量的相互约束中，有关智能合约的法学研究却呈现出了实践与理论相互脱离的"两张皮"现象——一边是市场实践的迅速发展与结构演变，而另一边是法学研究的技术盲点及思维固化。

目前，法学界多认为，智能合约是一种合同（或准合同）。譬如，认为智能合约是智能化合同、电子合同的升级版，或认为智能合约是交叉合同，又或干脆认为智能合约与传统合同无异……无论百家如何争鸣，似乎都无法摆脱一个思维惯性：我们总是在合同法理论中寻找智能合约的存在意义，不断地在"要约"与"承诺"中寻找着我们可以理解的"智能合约"。但是，一个需要首先予以澄清的问题是：智能合约虽然名为"合约"，但它真的是传统合同法上的合同吗？为回答此问题，不

---

① 代码即法律（Code as law），是区块链领域中的一种理念，意指程序代码就是法律，不需要司法的外部干预。例如比特币、分布式存储（多中心化存储）等技术让信息被记录到网络中的无数节点里，个别人难以篡改已经形成的数据，所有的流程都须按照预先达成的共识进行，该技术可以大大减少人为干涉之可能。在区块链世界里，由代码构成的智能合约，形成了区块链的"自规则"，形成了区块链的法律，也就是所谓的"代码即法律"。参见 Primavera De Filippi, Samer Hassan. 从"代码即法律"到"法律即代码"：以区块链作为一种互联网监管技术为切入点. 赵蕾，曹建峰，译. 科技与法律，2018（5）。

仅需要认清智能合约与传统合同之间的本质差异，还要厘清技术进步与法律规范之间的"猫鼠"追逐关系，更要明确立法是应当从私法视角诠释科技进步，还是应当从公法角度规制科技进步，抑或是应当紧跟科技脚步不断更迭法律规则。未来已来，我们无疑不得不作出选择。对此，本章通过以下三个层面的分析来回应上述问题。

第一是对智能合约进行系统化解释，防止盲人摸象问题。每一个智能合约，均是相对独立的"生态系统"。其与合同有关，但又不等同于合同本身。智能合约拥有自己的目标及使命，成员分工被细化与深化，不同参与者扮演着不同的角色，这些角色相互依存与促进，从共同目标中获利。智能合约具有组织的雏形，却不同于一般组织形态，且不具备法律人格。智能合约以"组织"的外壳运作，却在法律面前是透明的。它们就像"隐形人"，无法成为司法程序的当事人，这必然造成一系列的法律困境。

第二是穿透技术表层，剖析内部构造，对智能合约进行类型化分析。智能合约并非单一模式，而是通过合同与代码的不同组合方式，产生出不同的自治构造。有必要对智能合约进行类型划分，明确不同自治构造的功能差异，从而厘清智能合约成员的权利义务关系，在此基础上，进一步明确纠纷解决路径及当事人的法律责任。当团体自治日益依赖科技时，如何在个人利益、社会公共利益之间作出利益权衡与价值判断，绝非易事。我们鼓励科技进步，但不会允许科技进步过程中出现的不寻常风险被扩充到"实验室"之外，因而需要采取必要措施控制风险。

第三是引入团体法逻辑，厘清智能合约当事人的信赖基础，并在私法语境下论证智能合约的团体表决机制，证成智能合约对自由价值的遵从。私法是建立在个人自由主义基础上的，侧重强调个人自由的价值。智能合约的法律构造、交易机制及自治规则，均具有浓厚的团体自治色彩，特别强调团体法意义上的自由价值。当新技术改变着法律秩序、改变着我们的生活方式、改变着我们的权利时，必将会产生很多不确定性，这种不确定性就是所谓的风险。对于这种风险，法律该何去何从，同样是非常重要的问题。唯有厘清上述问题，才可以有效协调个人自由与团体自由之间的关系，促进科技进步与法治进步的共同发展，有效保障私人关系与私权利。

二、揭开面纱：智能合约是合同吗？

英国法律史学家亨利·梅因曾用"从身份到契约"（from status to contract）[①] 来描述人类社会的进步和转型。区块链交易中创设的智能合约却与之背道而驰，它将人与人之间的关系回归至基于虚拟网络的身份关系中。位于区块链节点上的当事人，具有显著的"身份"属性，相应地，智能合约也并非严格意义上的合同，所以采用"智能合约"的称谓具有一定的误导性。智能合约是一段可自动执行的程序代码，其横跨合同的成立与履行两个阶段，自动执行是智能合约存在价值之重要体现。智能合约作为区块链交易的秩序守护者，尤其强调各当事

---

① 梅因．古代法．沈景一，译．北京：商务印书馆，1959：97.

人之间的信赖及身份关系。比较智能合约与传统合同的差异，可以发现智能合约给传统私法带来了挑战。尽管我国多数学者认为智能合约是一种合同，但实际上，其与传统合同在意思表示、条款解释、订立及履行等方面，均具有重大差异。笔者认为，智能合约并非传统合同法上的某种合同，而是一种集合同文本、合同履行与组织治理为一体的自治框架，它更多彰显的是当事人之间的动态关系及自治规则。

（一）智能合约的运行机理

尼克·绍博（Nick Szabo）最早提出了"智能合约"的概念，他在同名论文中将其定义为"自行执行的数字化合同"，即当合同中预先设置的情形发生时，智能合约中的某项合同条款便会立即执行。不过尼克·绍博所谓的智能合约，仅停留在想象阶段，而这一畅想却误导了当今人们对智能合约的理解，将智能合约视为一种数字化合同。然而，智能合约虽然名为"合约"，却远非合同概念可以涵盖。对此，著名的智能合约平台——以太坊的创始人维塔利克·布特林（Vitalik Buterin）曾指出，智能合约这个词本身具有误导性，更准确的描述应当是"持久性脚本"（persistent scripts）[1]。直到21世纪初，随着区块链的发展，真正意义上的智能合约才出现，它存储于区块链上，由区块链交易所触发，并在区块

---

[1] Uniform Law Commission Executive Committee. Guidance Note Regarding the Relation between the Uniform Electronic Transactions Act and Federal Esign Act，Blockchain Technology and "Smart Contracts". [2019-05-11]. https：//www.uniformlaws.org.

链数据中被读写。在功能上，智能合约可以实现资产之间的交换，既可以是虚拟资产的交换，也可以是加密货币与其他资产的交换。

传统合同往往要经过要约邀请、要约、承诺、订立、履行等环节。如有违约情形，当事人可以将合同作为一种证据提交至法院以获得相应的救济。智能合约的流程与传统合同不同，大致可以归纳为：协商—转化为代码—双方提供符合合同约定的足额资金—确定合同的触发条件—私钥签名—发送到区块链—通过共识机制表决—去中心化账本做记录—条件达成后强制履行。由此可见，与传统合同相比，智能合约的一大特点是"强制履行"。预设于智能合约中的条件一旦被触发，合同的订立与履行同时进行。实际上，即便是电子合同，在条件达成后虽然也可能被自动执行，但是合同的订立与履行并非同时进行，完全可以进行中断操作。

智能合约是一串代码，它通过共识机制自动执行，基本逻辑可以归纳为："若发生某种情况，则执行某项结果"（if…then…）。在以太坊平台中，智能合约被存储在每个"矿工"的计算机内。智能合约的"交易"，是通过各方主体向智能合约地址发送数字签名的方式开展的。这里所谓的"交易"，是一种数据记录，其中包括智能合约代码运行所必需的变量以及发送方的数字签名等内容。交易记录被存储在以太坊的区块链上，一旦被存储，保存的记录便会触发智能合约的执行，智能合约代码由支持该区块链网络的所有"矿工"共同运行。智能合约一旦被触发，就不再受到人为的干预，将会自动协助当事人进行交易安排。

智能合约以预先设置的固定方式自动运行。以保险合同为例：在传统的保险交易中，当事人经过协商签署合同，如遇违约情形，一方当事人可以将合同作为证据提交法院，由法院作出裁判并强制执行。而在智能合约中，当事人经协商后将合意转化为代码，确定智能合约的执行条件，双方提供符合合同约定的足额资金并将其冻结在区块链上。之后，当事人使用私钥对智能合约进行签名，并将其发送到区块链中，等待共识机制的投票。验证成功后，该智能合约将被记载于区块链上并在全网广播。智能合约生效后，由预言机（oracle machine）进行虚拟世界与外部世界的信息传输。如该保险合同的赔偿条件为"如果气温达到37℃以上，保险公司将对被保险人进行理赔"，预言机可以和天气预报网站相互关联，一旦气温达到设置的触发条件，智能合约将会自动完成对保险公司的扣款与对被保险人的转账支付。[1]

智能合约并不是一种传统合同，却又与合同密切相关。确切而言，智能合约是一种集合同文本、合同履行与组织治理为一体的动态机制。以通证类智能合约（smart contract token）为例，此类智能合约的作用是创建、追踪和分配所有权。该系统由不同合约组合而成，每个合约均具有不同功能，譬如按持股权重投票（治理型通证）、分配公司股权（证券型通证）或数字资产所有权移转（非同质化通证）等，不同当事人通过该系统参与整个智能合约的运作。智能合约离不开区块链的技术支持。

---

[1] Kevin Werbach，Nicolas Cornell. Contracts Ex Machina. Duke Law Journal，2017，67.

区块链网络具有三大要素：分布式记账、去中心化与共识机制。其中，分布式记账保证系统内的当事人无法更改已经被记载的事项；去中心化的本质在于去中央监管化，防止任一中心化机构干涉系统运作，每个当事人均承担着维护系统的职责，只不过分工有所不同；共识机制则是智能合约的重点，它是智能合约的决策机制，决定了合同是否履行、团体投票决议等重要事项，用以治理整个智能合约系统，共识机制的作用是保障各方当事人遵守共识，确保区块链中的信息真实有效且各方诚实不欺。

（二）智能合约是合同吗？

在美国，佛罗里达州、内布拉斯加州、俄亥俄州、佛蒙特州、亚利桑那州、田纳西州及纽约均在立法层面承认了智能合约的法律效力。然而，在我国一个普遍看法是，智能合约虽然是一种合同，却无法回归至合同法的规范框架内，只能被解释为一种超越现有法律的"合同"存在。例如，有观点认为，我国现行合同法已不能适应智能合约的发展要求，智能合约对要约、承诺的撤回、合同效力判定、合同变更解除等方面产生了重大冲击。也有观点认为，对智能合约的救济途径不再是法律救济，而是"代码之治"[1]。而坚持传统观点的学者则认为，就合同主体、意思表示及纠纷解决等而言，智能合约并未改变传统合同法的基本规则。[2]

智能合约的性质界定及法律适用，是国内法学研究最关注

---

[1] 王延川. 智能合约的构造与风险防治. 法学杂志，2019（2）.

[2] Kevin Werbach, Nicolas Cornell. Contracts Ex Machina. Duke Law Journal, 2017, 67.

的两大问题。现有研究大多强调智能合约是一种特殊合同，却未能提出合同法适用的解释路径。与国内研究不同的是，国外研究更关注智能合约中当事人之间的联动关系，尤其是关系契约理论的研究视角和思路，有助于厘清智能合约复杂的法律构造。总体而言，智能合约的国内外研究体现了以关系契约为视角的研究转向，应当特别关注智能合约当事人之间的共识机制、团体主义倾向、虚拟空间的身份关系等特殊内容。

在智能合约的私法构造中，应当引入团体法思想，认可社团主义的自治机能，构建以"信赖保护"为核心的救济机制，实现法律与技术的同步发展。当智能合约程序中预置的执行条件被触发时，智能合约将随之自动执行交易，因此，其减少了人与人之间因信赖不足带来的履行障碍，促进了网络交易的高效运行。在信息完全透明并高度对称的交易环境里，人与人之间的信赖并不重要。然而，这只是一种假想状态。在现实社会中，信息不对称是普遍存在的现象，相应地，信赖关系就成为解决合同不完全性的重要工具，信赖是很多经济交易的必备公共产品。智能合约并非摆脱了信赖关系，而是凭借智能合约的技术中立性，获得了当事人的普遍信赖，让当事人可以更高效、公正、合理地处理交易中的信赖问题。

智能合约的秩序规则，是由当事人共同参与制定的。一般而言，该等协议载有多方的权利和义务，智能合约设计者将这些权利和义务以代码形式进行编程（例如以太坊平台使用的 Solidity 编程语言），并预先设置自动执行的触发事项。例如，在证券交易所的交易系统中，设计者预先设定适当的触发机制，一旦股票涨跌至某个预设价格，股票交易就自动执行；再如，在众筹等金融平台中，智能合约可以跟踪募资的全过程，一旦达到众筹目标，即可以自动从投资者账户划款至创业者账户，创业者以后的预算、开支可以被跟踪和审计，从而提高了交易透明度。

智能合约采用了区块链的分布式记账技术[1]，其具体交易流程是：交易当事人在发起某项或者一系列交易时，自行设计或委托设计者设计一套适合于该交易的可编程代码脚本，以数字化形式载明交易的条件及触发条件，再通过专用于智能合约的"合约账户"（contract account）将该智能合约上传至区块链系统，于是区块链上的其他当事人均可以看到该合约内容。[2] 相应地，计算机程序可以监测区块链中是否存在触发事项。一旦某当事人触发该合约中预设的执行条件，在大多数当事人达成共识并对该事件进行签名验证后，该智能合约将会自动执行，在发起人与当事人之间实现资产交换。成功执行的智能合约将被移出区块，视为交易已经完成。[3] 未执行的合约则继续等待下一轮处理，直至成功执行。

---

[1] 分布式记账技术（distributed ledger technology），指的是分布在多个节点或计算设备上的数据库，每个节点都可以复制并保存一个分类账，且每个节点都可以进行独立更新，其不由任何中央机构维护，分类账由每个节点独立构建和记录。See UK Government Chief Scientific Adviser. Distributed Ledger Technology：Beyond Block Chain. [2019-12-09]. https：//www.gov.uk/government/news/distributed-ledger-technology-beyond-block-chain.

[2] Vitalik Buterin. Ethereum White Paper—Smart Contracts and Decentralized Application Platform. [2020-01-03]. https：//github.com/ethereum/wiki/wiki/White-Paper.

[3] 在计算机领域，此步骤亦被称为"自毁合约"（self-destruct）。See Fengshun Yue, Guojun Wang, Qin Liu. A Secure Self-Destructing Scheme for Electronic Data. 2010 IEEE/IFIP International Conference on Embedded and Ubiquitous Computing. [2019-12-09]. https：//ieeexplore.ieee.org/xpl/conhome/5703185/proceeding.

智能合约的广泛应用，诱发了诸多新型法律问题。首先是用户隐私问题。因为智能合约上诸多信息是公开的，所以会产生数据保密与保护的难题。其次，现实生活中的多数合同是可以被撤销的，智能合约却不可撤销，从而形成了对区块链交易当事人的持续约束。再次，在智能合约交易中，合同订立、合同条款解释、履约抗辩权等方面的传统合同法规则遭遇了挑战。最后，智能合约主要采用匿名形式，当事人难以辨别对方当事人的身份，因此，当出现与智能合约有关的法律争议时，难以借由传统诉讼手段加以解决。

（三）智能合约与传统合同的本质区别

对智能合约的法律属性，理论界存在争议：有观点认为，智能合约旨在规范交易当事人的权利义务关系，所以理应是传统合同的一种[1]；也有观点认为，智能合约是一种不同于传统合同的特殊合同，其通过电脑自动生成并执行；还有观点认为，智能合约是具有电子化外观的第三方托管安排（escrow arrangements with a digital veneer），即智能合约与第三方托管在功能上是一致的，都是解决交易双方不完全信任的机制。[2] 对于智能合约的法律性质，我国多数学者认为智能合约是一种合同，该观点还可进一步分为传统合同说与新型合同说。

传统合同说认为，智能合约旨在划分当事人的权利义务关

---

[1] Kevin Werbach, Nicolas Cornell. Contracts Ex Machina. Duke Law Journal, 2017, 67.

[2] Kevin Werbach, Nicolas Cornell. Contracts Ex Machina. Duke Law Journal, 2017, 67.

系，与传统合同基本无异，二者均具有"合意"；智能合约是一种格式合同，就合同主体、意思表示及纠纷解决等而言，智能合约并未改变传统合同法的基本规则。智能合约中的内容以代码形式出现，应认定为属于合同法中的数据电文。[1] 有学者根据智能合约的不同触发条件，又将智能合约进一步分为"附条件格式合同"和"附期限格式合同"[2]。前者由特定行为或事件触发，后者则由特定时间触发。该观点具有一定道理，不过，由于智能合约的架构灵活且多变，因不同的组织目的会有不同的触发条件，甚至是多种触发条件的混合，不只有"附条件"和"附期限"这两类触发条件。若将智能合约机械地理解为某一种民事合同，可能会忽视智能合约的交易风险及法律风险。

  传统合同是双方或多方当事人彼此承诺为一定行为或不为一定行为的协议，它通常反映了一种利益交换关系，其前提是双方或多方当事人之间存在相互信赖。智能合约同样是一种协议，但当事人信赖的不是对方当事人，彼此信赖的实际是智能合约技术及其自治秩序。在某种意义上，智能合约是私法自治在虚拟空间的一种延伸。在智能合约中，当事人的合意方式十分独特，是通过代码形式表达当事人意思的，而在传统缔约中，当事人主要以书面或口头形式做出意思表示。智能合约将协议条款转化为一系列的代码脚本，并基于区块链的共识机制自动执行，从而与合同中通常采用的双方协商签约模式明显不同。区块链中某个当事人发起交易后，一旦满足了智能合约预置的触发条件，智能合约便会自动执行。这意味着智能合约无

---

[1] 陈吉栋. 智能合约的法律构造. 东方法学，2019（3）.
[2] 蔡一博. 智能合约与私法体系契合问题研究. 东方法学，2019（2）.

法中断或中止，从而形成了区块链交易中所谓的"不可撤销"性。[①] 不过，这里的"不可撤销"并非绝对的，因为只是当位于智能合约节点上的当事人达成共识时，仅凭单个当事人的意思表示难以撤销已经达成的合意而已。

针对智能合约，部分学者容易陷入一种思维悖论中：一方面将智能合约理所当然地认为是一种合同，另一方面又无法将其归类于法律规定的具体合同类型中，只好辩解说其是一种超越现有法律的"合同"。我国合同法上的合同，可分为有名合同与无名合同。有名合同通常是按照合同标的予以分类的，有时也按照当事人的权利义务予以分类。智能合约融合了合同的缔约和履行两大阶段，因此，某个智能合约既可以是以财产为标的的买卖合同，也可以是以服务为标的的其他合同，从而不属于通常意义上的有名合同。与此同时，由于智能合约的标的复杂多变，其也不属于无名合同（或混合合同）。我国《民法典》第 467 条将无名合同称为"法律没有明文规定的合同"[②]。无名合同是"民法一方面采取契约自由原则，一方面又列举典型契约所生产物"[③]，其彰显了合同法所秉持的尊重意思自治与合同自由之精神，法律认可当事人依照标的或权利义务自由创设合同关系。如此一来，无论是《民法典》合同编列示的有名合同，还是该法第 467 条所称的无名合同，均无法涵盖智能合约。

与传统合同的重要区别是，智能合约几乎可以即时回应自

[①] Kevin Werbach，Nicolas Cornell. Contracts Ex Machina. Duke Law Journal，2017，67.

[②] 《民法典》第 467 条第 1 款规定："本法或者其他法律没有明文规定的合同，适用本编通则的规定，并可以参照适用本编或者其他法律最相类似合同的规定。"

[③] 曾隆兴. 现代非典型契约论. 台北：三民书局，1986：1.

动化交易中的变化事项,它更强调当事人之间所形成的动态关系网,而非合同本身。在区块链中,某个当事人发起交易后,一旦满足了智能合约预置的触发条件,智能合约便会自动执行。故智能合约的自我执行特点,构成了它与传统合同的重要区别。不过,虽然智能合约可以大幅降低签订和执行合同的成本,但是对于复杂的条款内容,它尚无法完全取代传统合同。智能合约不同于传统合同之处在于:第一,不可撤销性。智能合约并非令合同履行变得更简便,而是让合同履行变得难以撤销,故智能合约无法中断或中止。第二,独立于第三方权威的自治性,亦被称为"去中心化"(decentralization)。对此,有观点认为,法律应当主动适应这种发展趋势;或认为,"去中心化"是社会契约的新型存在方式,并非智能合约独有;还有人认为,智能合约背离了传统合同法体系,形成了自己独特的代码话语规则,亟待法律对此作出回应;更有人认为,"代码即法律",现有法律难以对智能合约形成有效的规制。第三,强调基于关系契约的共识机制。所谓共识,是指智能合约需经过区块链的每一个节点(当事人)的确认后才能自动生效,它彰显的是一种关系契约精神。人们选择信赖智能合约并按其给定的运作方式运行,这既是一种技术信赖,更是一种制度信赖(institutional-based trust)。

一些国外学者对智能合约的探讨并不局限于合同说,典型的观点是自助行为说和第三方托管说。自助行为说认为,智能合约不是法律意义上的合同,而是一种自助(self-help)行为,智能合约的自动履行是一种先发制人的自助形式。[1] 对

---

[1] Max Raskin. The Law and Legality of Smart Contracts. Georgetown Law Technology Review,2017,305:306.

此，也有学者质疑，认为传统自助行为必须在司法监管下进行，但智能合约并非如此，智能合约可以被视为具有电子化外观的第三方托管安排，原因在于智能合约与第三方托管都系解决交易双方不完全信任的机制。[①] 该观点在一定程度上回应了智能合约与传统合同的重要区别，即智能合约全体当事人之间的关系呈现一种动态关联。[②] 智能合约的独特之处还在于其让合同履行变得不可避免，该特点亦改变了合同的性质。[③] 需要注意的是，无论是自助行为说抑或第三方托管说，均与合同说具有本质差异，即不拘泥于合同法领域去解释与规范智能合约，而是转向关注智能合约的团体法属性，特别强调智能合约当事人之间的自治规则。

需要注意的是，上述国外学者的观点与英、美等国的立法模式一脉相承，即既不轻易否认智能合约的合同属性，也不将智能合约完全等同于合同，而是关注智能合约的具体交易结构。譬如，在美国统一法委员会（UCL）于2019年发布的《关于统一电子交易法、联邦电子签名法、区块链和"智能合约"的关系指引》（Guidance Note Regarding the Relation between the Uniform Electronic Transactions Act and Federal Esign Act, Blockchain Technology and "Smart Contracts"）（以下简称《指导说明》）中，智能合约被界定为"将满足预定条件时的强制执行写

---

① Kevin Werbach, Nicolas Cornell. Contracts Ex Machina. Duke Law Journal, 2017, 67.

② M. Ethan Katsh. Law in a Digital World. [S. l.]: Oxford University Press, 1995: 128.

③ Kevin Werbach, Nicolas Cornell. Contracts Ex Machina. Duke Law Journal, 2017, 67.

入底层协议的计算机代码"。《指导说明》认为,智能合约是一旦满足预定条件即自动执行某些任务且非相关方预定停止条件无法停止执行的计算机代码;并认为,智能合约作为计算机代码,其功能十分多样化,既可能用于创建合同,也可能用于履行合同义务,甚至可能用于证明义务已被履行,因此并非所有智能合约都是美国《网络统一电子交易法案》(Uniform Electronic Transactions Act)中所称的"合同和交易"(contract and transaction)。此外,美国艾奥瓦州于2021年出台了新法案《参议院第303号法案》(Senate File 303),该法案将智能合约界定为"事件驱动的程序"(event-driven program)或"计算机化的交易协议"(computerized transaction protocol),简言之,智能合约是通过托管和指示资产转移来执行合同条款的程序。不过该法案也特别指出,部分合同采取智能合约方式缔结,应当承认其合同效力及强制执行力。

英国司法工作组(the UK Jurisdiction Taskforce,UKJT)于2019年5月发布了政府咨询文件《公共咨询——英国私法下加密资产、分布式记账技术和智能合约的地位》(Public Consultation—The Status of Cryptoassets, Distributed Ledger Technology and Smart Contracts under English Private Law)(以下简称《咨询文件》)。《咨询文件》特别指出,智能合约是计算机代码且形式多变,其概念范畴远比"智能化合同"广泛。[1] 英国立法根据智能合约是否具有合同属性,将其分为合同类智能合约与

---

[1] UK Jurisdiction Taskforce of the LawTech Delivery Panel. The Status of Cryptoassets, Distributed Ledger Technology and Smart Contracts under English Private Law,2019:30.

其他智能合约，由合同法或其他法律分别予以规范，这在很大程度上避免了一刀切式的无效规制。英国的做法同美国的做法有相似之处，都从技术角度出发将智能合约定义为一旦满足预定条件即自动执行某些任务且除相关法规预定停止条件外无法停止执行的计算机代码。但《咨询文件》更进一步将智能合约分为"智能合约"（smart contract）和"智能法律合约"（smart legal contract），并根据智能合约与其自然语言文本的镶嵌关系的不同将智能合约细分为"单一代码模型"（solely code model）、"内部模型"（internal model）和"外部模型"（external model）三种。

其中，"内部模型"被解释为"合同包含代码"（contract containing code），即双方当事人将已经达成合意的合同文本转换为计算机代码并自动执行。在此种情形下，若发生争议，双方仍可退回至合同文本中寻找依据，此种类型的智能合约与传统合同最为类似。"外部模型"指的是"合同支持代码"（contract supporting code），在此类模型中，合同并不转化为代码语言，仅作为支持智能合约运作的独立存在。"单一代码模型"则指的是，没有自然语言的外部书面合同的存在，智能合约以执行交易的书面代码的形式存在于区块链中。[①]

比较智能合约与传统合同的差异，可以发现智能合约给传统私法带来了诸多挑战。智能合约与传统合同在意思表示、条款内容解释、订立及履行等方面具有极大的不同。智能合约借

[①] UK Jurisdiction Taskforce of the LawTech Delivery Panel. The Status of Cryptoassets, Distributed Ledger Technology and Smart Contracts under English Private Law, 2019: 32-33.

由特定当事人之间形成的共识机制，促成其难以逆转地自动执行，并在事实上排除了当事人的合同撤销权，成为跨越合同订立、合同履行两个领域的新型交易机制。关于智能合约的法律依据及其协调适用，需要特别关注智能合约在私法体系（尤其是合同法）中的功能定位及效力判定、智能合约主体的意思表示概括认定、第三人欺诈与胁迫、单方错误等情形下，智能合约的效力判定、智能合约的违约责任及侵权责任等问题。尤其是，智能合约涉及民法一般规则和合同法、侵权责任法等民法具体规则，亦涉及电子商务法、电子签名法等部门法律，甚至涉及仲裁法、民事诉讼法中的证据规则，需要在实定法范畴内明确智能合约的法律依据及法律适用。

三、法律风险：智能合约对传统合同规则的突破与挑战

传统合同基于当事人之间的信赖关系，具有相对性及可撤销性。与传统合同的重大区别是，智能合约跨越合同订立与履行两个阶段，促成其难以逆转地自动执行的特点，在事实上排除了当事人的合同撤销权。[①] 当事人的合意，体现为其对智能合约共识机制的共同认可与信赖，这是技术驱动下的新型团体自治模式。然而，此类特点会引发智能合约在合同履行、身份识别、共识机制等方面的法律风险，对传统合同法也提出了新

---

① 吴烨.论智能合约的私法构造.法学家，2020（2）.

的挑战。

第一，合同履行的不可撤销性。在智能合约系统中，对某一项具体的合同文本，尚可用传统合同法予以分析：一方当事人将某一智能合约上传至区块链网络中，这一行为可以被视为要约；而后，当提前预设在智能合约中的要件被触发时，系统会自动将资产（以加密货币为主）由一方当事人转移至另一方当事人，在这一过程中，"要件触发"可以被视为承诺，"自动执行"则是合同履行。但是，区别于传统合同，智能合约无法中断或中止，这必然会带来法律风险。

第二，共识机制的法律风险。智能合约未将合同如何履行载明于纸上，而是基于当事人之间的共识机制作出是否履行的决策。智能合约中的每一项合同达成，必须借由区块链的共识机制予以投票表决。共识机制是智能合约当事人共同遵守的技术"法则"。然而，"共识"是一种表决程序，虽然有当事人的参与，但在大多数情况下仅针对合同形式，并不针对合同内容。就此而言，智能合约更强调当事人之间所形成的动态关系，而非合同本身。区块链的分布式信任（distributed trust），通过全部当事人参与自治的方式，可以规避合同履行的信赖风险。但是，这种去中心化模式，一方面将本属于人的权利让渡于技术，让智能合约成为一种团体自治模式；另一方面，这并不意味着智能合约可以因此脱离法律的调整范畴。由于共识机制的不可撤销性，智能合约当事人甚至可能更需要法律救济。然而，当技术出现瑕疵或问题时，具体的责任主体难以落实。

第三，代码作为意思表示的表彰载体，不仅缺乏人的主观判断力，还会引发意思偏离。智能合约设计者需要将人类语言转化为机器语言，将人的意思表示转化为代码，这常常会偏离真实的意思。更何况，并非所有合同条款都能通过代码予以充分表达，部分合同条款必须依靠人的利益衡量与价值判断。譬如，计算机程序无法精准评估一方当事人是否"尽了最大努力"；再如，在效率违约中，若履行合同将会造成更大的经济损失，当事人就会选择违约和支付损害赔偿金，此时，不履行合同或违约是可能被法律所允许的，但是代码程序无法作出上述价值判断；又如，违反公序良俗原则的合同无效，但是公序良俗概念具有高度不确定性，亦会随着社会变迁而发生改变，故难以通过代码予以确定，在智能合约中，某一项交易即使涉及违反公序良俗甚至违法犯罪，也依然会被强制履行。虽然智能合约可以大幅降低合同的订立和执行成本，但对于复杂的条款内容，它尚无法与传统合同媲美。[①]

第四，私人自治与司法救济之间的冲突及协调。由于代码程序不具有灵活性，所以代码化的合同内容、履行方式及自治规则均有过度形式化的局限性。譬如，不可抗力、诚实信用、公序良俗等问题，难以通过代码予以调整与控制，这必然会给交易的公平公正带来负面影响。一旦产生纠纷，当事人无法通过代码程序讨回公道，此时唯有借助司法手段，才能获得应有的救济。传统合同法以财产归属作为分配价值的标准，裁判者早已认识到该规则之下的局限性，在适用合同解释方法以外，司法裁判更重视事后调整，采取诚实信用、公平原则等进行利

---

① Jerry I-H Hsiao. "Smart" Contract on the Blockchain—Paradigm Shift for Contract Law?. US-China Law Review，2017，14：686-687.

益平衡。① 这种通过事后利益平衡处理合同纠纷的做法，在智能合约中并不奏效。机器的背后仍然是真实的人，智能合约的背后是人与人之间的真实关系。智能合约具有跨国界性，难以识别对方当事人的真实身份，容易成为当事人逃避监管的技术工具。"代码即法律"的论调，在一定程度上表达了自力救济的意义，但若无公权力对违约救济的介入，则智能合约会成为法外之地。

第五，区块链匿名性及数字身份识别问题。在智能合约中，私钥代表的是人，不拥有私钥的人几乎不可能生成与给定公钥相匹配的有效数字签名。这使得私钥成为确认数字身份系统的重要基础。然而，身份识别十分复杂，既涉及法律问题，也涉及技术问题，并非仅靠密钥就可以轻松解决。这是因为，即使某一钥匙唯一地属于某一特定的人，人和钥匙也难以完全等同。就此而言，如何识别智能合约当事人的身份，遂成为难点。

四、类型分析：智能合约的三种治理结构[②]

技术无法解决人与人之间的所有问题，不少问题最终仍然要回归至人的范畴予以探讨。若将技术与人割裂看待的话，则会形成一种曲解——区块链里的一切都与人无关。但是，在智能合约的世界里，除机器与代码以外，更重要且根本的是，它是为人服

---

① 张艳. 关系契约与契约关系. 北京：法律出版社，2017：205.
② 吴烨. 智能合约：通过合同的自治框架. 河南财经政法大学学报，2022 (5).

务的,我们需要探究代码背后人的意思表示。智能合约可以是线下协议的代码表现,在此种情况下,在区块链上发布合约往往用于保证线下合同的执行。智能合约也可以是区块链上直接以代码呈现的意思表示,此意思表示通常尚需对方当事人的相应行为才能进一步达成并履行合约内容。因此,应当对智能合约的自治构造进行类型化分析,区分以下三种情形分别探讨。

(一)类型一:"合同文本+自动执行"的智能化合同

此类构造与我们通常理解的合同最为相似,因为它具有事前磋商、合同订立与履行等基本环节。此类智能合约将以口头或书面形式进行的意思表示转化为一系列代码脚本并交由共识机制自动执行。当 A 和 B 签订合同时,双方当事人已经达成了合意,合同义务事前已经由人类语言予以确定。此后,双方当事人使用私钥签名将转化为代码的当事人合意发送到区块链上,等待区块链的共识机制表决验证。验证成功后,智能合约即生效并被记录在区块链上。所以,除了合同文本是事先预定好的,合同的履行方式、履行义务及共识规则等均由代码予以控制。

如图 3-1 所示,智能化合同的流程大致是:首先,当事人达成合意。当事人事前进行磋商并达成合意,形成合同本文。其次,"智能合约编译模块"(smart contract compilation module)进行代码语言的转换。将合同文本进行代码编译,由翻译员(interpreter)通过编译器(complier)形成智能合约语言(smart contract language specification)。再次,"智能合约放置模块"(smart contract deployment module)启动共识机制,由区块链全体成员进行投票表决。最后,"智能合约执行模块"（smart contract operation module）完成整个交易，若系统预设的交易条件被触发，智能合约将会被自动执行，区块链全体成员都可以检查、更新与调取该交易信息。

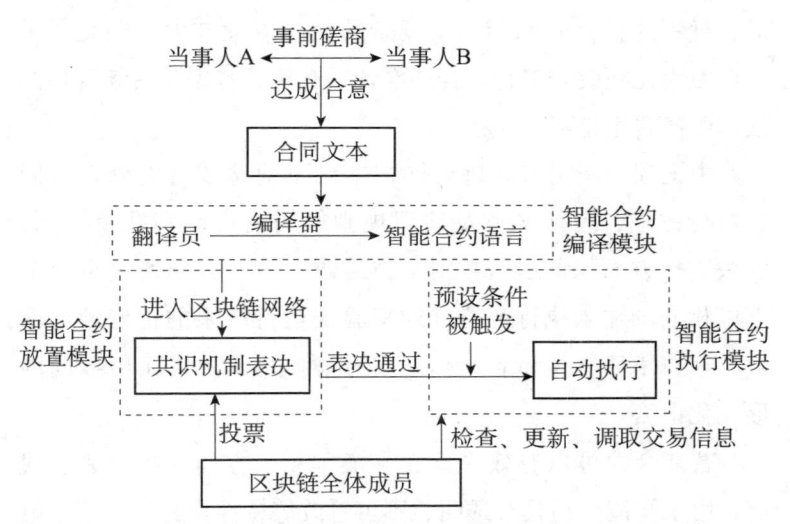

图 3-1　智能化合同的交易流程：从合同文本到自动执行

在智能化合同的执行过程中，所有的细节和可能发生的结果都应被提前考虑并预设处理方式，一旦条件成就，智能合约的运行将不可逆转的发生。智能合约的实现，本质上是先赋予对象（如市场、系统、资产、行为等）数字特性，即将对象程序化地部署在区块链上，成为全网共享的资源，再通过外部事件触发合约的自动生成与执行，进而改变区块链网络中数字对象的状态（如分配、转移）和数值。[①] 相较于传统合同，降低

---

① 贺海武，延安，陈泽华．基于区块链的智能合约技术与应用综述．计算机研究与发展，2018（11）．

交易成本是智能合约的首要承诺。智能合约是去中介化的，这首先意味着从交易的记录保存到审计，从监督到执行均不再需要可信的中间人予以验证；其次，由于合约交割是自动履行的、远程的且无时间延迟，复杂的交易流程被大幅简化；最后，因为无须政府审查，合同准备、起草、签署和后续管理的法律服务费用将不复存在。[1]

由上述分析可知，除合同文本已事前达成合意外，合同的履行方式、履行义务及共识规则等均由代码实施及控制。区块链一方面保证这些数据不被篡改，另一方面通过每个节点以相同的输入执行智能合约来验证运行结果的正确性。简言之，将承诺（commitment）作为基本元素，构建出合同的形式化语言。[2]

智能合约可以有效降低交易成本。一方面，在交易达成前，由于智能合约具有透明、不可篡改等特性，其订立不依赖于对特定交易对手的了解和信任。当事人基于对智能合约和共识机制的信任可以获得稳定的心理预期，从而降低由于彼此间信息不对称所产生的交易成本。相应地，由于不再需要一个中心化的技术或组织（如复式簿记账本或版权注册机构）来验证交易的真实性，交易的信赖成本得以大幅减少。具体来说，信任在事前可以减少交易各方为获得交易机会而发生的搜集信息的成本，通过使交易的每一方都期望另一方在未来予以回报而

---

[1] Mark Giancaspro. Is a Smart Contract Really a Smart Idea？：Insights from a Legal Perspective Computer. Law & Security Review，2017，33（6）：825-835.

[2] 王璞巍，杨航天，孟佶，等．面向合同的智能合约的形式化定义及参考实现．软件学报，2019（9）．

更具让步的灵活性以降低协商成本。[①]

另一方面，在交易执行成本方面，智能合约的自动执行特性将强制各方必须严格遵守合同文本，消除了违约的可能性，避免了当事人相互监督的资源投入和履行发生争议时的高额诉讼费用。该逻辑与物权法上的公示公信原则类似，具有将权利公之于众的效果。第三方可以知晓或按照外观合理推断某种合同权利的存在，从而避免了"不具有典型社会公开性"特质下传统合同关系[②]中"一物二卖"等风险的发生，减少了合同权利受到侵犯的可能性。

另外，在此类构造中，当事人已经就合同文本的具体内容进行过磋商并达成合意，选择智能合约架构，主要是因为信赖区块链去中心化的环境，数据难以被修改或删除，从而可以不必依赖中央主体并在不信任个体间建立某种诚信制度。[③] 而智能化合同架构使得合约一旦自动运行，发起人或第三方就无须也不能加以干预。相应地，由于智能合约具有自我执行性，在给定的触发条件下，智能合约必然会导出当事人所预期的、确定的结果。[④] 智能合约能够在事前有效地罗列出预期条件和结果，并确保满足条件后对应结果的产生。[⑤] 底层区块链网络将

[①] 刘凤委，李琳，薛云奎. 信任、交易成本与商业信用模式. 经济研究，2009（8）.

[②] 韩世远. 合同法总论. 4版. 北京：法律出版社，2018：14.

[③] Kevin Werbach, Nicolas Cornell. Contracts Ex Machina. Duke Law Journal, 2017, 67: 335.

[④] 许可. 决策十字阵中的智能合约. 东方法学，2019（3）.

[⑤] 凯文·沃巴赫. 信任，但需要验证：论区块链为何需要法律. 林少伟，译. 东方法学，2018（4）.

执行智能合约代码，一旦这些代码被执行，无论是政府还是其他可信机构，都无法改变或影响代码的执行。智能合约消除了对司法机关强制执行的依赖。因而只有在执行过程中存在违法事由时，如当事人是在对方或第三方以胁迫手段使其违背真实意愿的情况下对智能合约进行了数字签名，受胁迫方才有权请求法院或仲裁机构对智能合约执行所产生的后果予以撤销。此为执行后区块链外的司法救济行为，并不影响智能合约本身的自我执行性。

代码作为编程语言，其优点是可以跨越不同语言之间的障碍，消除了不同语种翻译过程中带来的误解，使合同内容更加明确且可验证。然而，代码毕竟不是人类语言，其缺点是容易出现意思表示的偏离。更何况，代码程序本身也可能存在瑕疵。计算机程序中存在强制"翻译"，即使编码人员不存在主观欺诈故意，也可能出现编程错误或创建有瑕疵的代码。例如，代码程序可能使用含糊不清的基础架构，不同的代码运行顺序也可能造成意思表示的偏离。对此，以代码为表彰的合同文本，应当以合同当事人的真实意思表示为判断依据，而非简单粗暴地认为代码的一切都是正确的。因此，法官在解释智能合约时，需要区分对待划分权利义务的代码与发挥执行功能的代码，结合可予采信的证据（admissible evidence），确定当事人之间的权利义务关系。这意味着，法官要探寻双方当事人是否具有接受代码约束的真实意愿。

需要注意的是，智能合约当事人拒绝依赖一般合同对其权利义务进行分配，而是选择通过共识机制进行团体决议，以维持他们之间的合同关系。相应地，双方当事人将部分权利让渡给了共识机制，体现出对共识机制的高度信赖，当事人均需要遵守共识机制的决议。他们之间的合同是否有效履行，取决于共识机制的多数决。所以，在智能合约交易中，尤其需要强调信赖保护，以平衡多方当事人基于信赖关系而发生的各种利益冲突。

（二）类型二："单方上传合约代码"的智能合约

如图 3-2 所示，此类构造是指单方上传合同文本的情形，即通过智能合约系统中预设的触发要件自动"配对"。这一种构造与上一种构造在结果上似乎类似，但是，在上一种构造中，双方当事人知道彼此，具有一定程度的人际信赖基础，而在此种构造中，上传合同本文的行为是一种单方行为，不存在任何磋商过程，合同上传方不知晓将要与谁"配对"，自然也不存在人际信赖基础。最常见的情形是，当事人 A 以"交换某加密资产"为合同文本，将此转化为代码后，上传至智能合约系统中，以等待不特定对象中的某一当事人的自动回应。

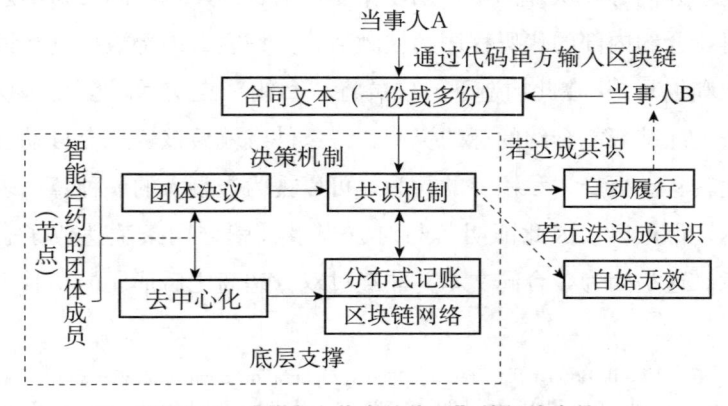

图 3-2　"单方上传合约代码"的智能合约

在智能合约的自治框架中，义务内容通常被记录在严格且正式的代码中，并由区块链成员通过共识机制予以表决与执行。此构造常用于为特定当事人设置一项或多项义务，上传的合同文本用于记录当事人协议的义务内容。就此而言，当事人单方上传合同文本的行为，可以被理解为一种"单方允诺"。该上传行为是表意人单方的意思表示，允诺内容是为自己设定某种义务，使相对人取得某种权利。不过，"单方允诺"仅针对某一项义务内容。例如，在通过智能合约的数字资产拍卖中，拍卖方可以通过智能合约公开竞拍物品，并通过智能合约系统自动匹配另一方当事人。由于智能合约的灵活性，在实践中，某一目标往往会被拆解为几项合同文本，通过不同的构造予以表达。

以以太坊为例，平台会提供两种账户类型：外部账户（externally owned accounts）（由"私钥"控制）和合约账户（contract accounts）（由合约代码控制）。外部账户不需要代码，人们可以从外部账户创建交易。当合约账户收到交易消息时，合约内部的代码程序会被激活，允许它对内部数据进行读取和编写。[1] 在此构造下，成员将"私钥"提交后，会在区块链上冻结智能合约的标的资产，待条件成就后该资产会自动发生转移。提交"私钥"的行为，可以视为当事人的一种意思表示，但难以仅因此证明其与对方当事人就合同条款达成了合意。这是因为，合同文本并非经过双方磋商之后形成的，其中

---

[1] Vitalik Buterin. Ethereum: A Next-Generation Smart Contract and Decentralized Application Platform. [2021-02-09]. https://ethereum.org/en/whitepaper/.

可能存在条款模糊甚至有歧义的情形。当双方当事人对某一项基本事实存在误解时，可能构成合同法中的重大误解，属于可撤销情形。但在智能合约中发生重大误解时，由于智能合约"订立即履行"的特点，合同无法被撤销。因此，合同法中对当事人的诸多救济措施，在智能合约中均难以应用。

以产权证明类智能合约为例，一方当事人创建一个永久附加许可标的 X 的智能合约，编程为"在特定条件下（对价为 Y）转让 X"，并将其发布至区块链。若其他当事人想要获得该许可，可将对价 Y 转移给前述智能合约，智能合约就会自动将许可标的 X 许可给支付对价的一方，并将对价 Y 转移给许可方。在此例中，一旦对价 Y 转移至前述智能合约，智能合约将自动履行创建者事先设定的义务，即将标的 X 许可给支付对价的一方，并将对价 Y 转移给许可方。

此类智能合约亦有类似权利表彰的功能。这是因为，智能合约运行于区块链之上，而区块链具有公示公信的作用。区块链技术将每一笔交易进行全网广播，形成所有人可见、永久透明的交易记录。同时，区块链的去中心化使得区块链上的数据并非掌握在某个中心化的数据管理机构中而是由整个区块链系统中的全部节点对区块链上的信息独立进行记录，只要其中任一节点上的信息未丢失，整个区块链上的信息都可得以保存。[①] 有观点认为，区块链所具备的公示公信功能决定了智能合约在民法上的意义并非限于一种新兴的合同形式，而是在特

---

① 崔志伟. 区块链金融：创新、风险及其法律规制. 东方法学，2019（3）.

定情形下可以起到替代民法上公示制度的作用。[1]

（三）类型三：仅设立框架合同的智能合约

相较于前两种构造，此类构造最复杂且多变。如图3-3所示，在此构造下，智能合约会涉及多方主体的权利义务如何分配，合约设计者需要将这些权利和义务以代码形式进行编程，并预先设置自动执行的触发事项。通常而言，代码主要有两项功能：一是触发合约自动执行的条件，二是明确当事人具体的权利和义务。A和B订立合同时，并非基于人类语言，而是将所有意思表示均通过代码予以表彰。但是，A与B的真实意思表示为何，A与B是否就某一事项达成一致，代码本身无法对此进行确认，因此需要格外依赖于人的判断及外力介入。

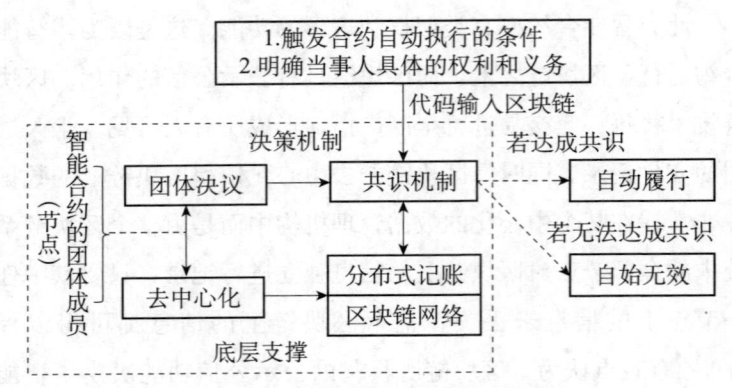

图3-3 仅设立框架合同的智能合约

---

[1] 于程远.论民法典中区块链虚拟代币交易的性质.东方法学，2021（4）.

引入框架合同理论，有助于识别与解释此类智能合约构造。框架合同，也称为架构合同，是指商事关系中确定当事人之间的基本交易关系，并为未来签订的具体交易的个别合同提供基本框架和条件的一种合同类型。在框架合同中，当事人仅就未来关系的框架内容达成合意，而具体的合同履行方式等问题，均由未来实施的个别合同予以明确规定。此类智能合约是一种新型的框架合同，其事前达成合意的内容主要是程序性规则，而实质性规则有待于后续的个别交易予以明确。其中，基于共识机制的程序性规则也属于框架合同的构成部分。

此类智能合约的结构还可以进一步被细分为"通过智能合约的组织创立"和"通过智能合约的组织协作"两种类型。

第一种类型是"通过智能合约的组织创立"。组织成立后，意思表示不是向其他成员为之，而是向组织为之；同时，组织内的决议系采多数决，对不同意的成员亦具有拘束力。[1] 对于在区块链上使用智能合约构建组织的治理，智能合约在没有人为干预的情况下调整组织运行，即智能合约可以作为组织运行的规则，规范所有成员的行为。成员之间并无双边协定。共识机制本身确立组织决策的基本机制，使成员拥有平等参与组织管理的机会，这保证了组织可以形成独立于其成员的团体意思。[2] 以 DAO 智能合约为例，它可以用来执行类似于公司、

---

[1] 王泽鉴. 民法总则. 北京：北京大学出版社，2014：242.
[2] 陈吉栋. 算法化"主体"：组织抑或契约？. 东方法学，2021（5）.

基金会、协会或合作社等组织的业务，这一切取决于创建DAO时的共同目标。美国怀俄明州的《DAO法案》中指出，DAO可以被视为其成员之间达成的组织治理规则。依据该法案，如果DAO智能合约的基本条款和运行协议存在冲突，其基本条款应优先于任何冲突条款。

第二种类型是"通过智能合约的组织协作"。在与区块链交互的功能操作非常复杂的情况下，通常需要多个智能合约之间的共同协作。外部依赖性意味着当前合约的执行依赖于外部合约的行为，合约的正确执行不仅仅依赖于当前合约，还与其他合约紧密关联。[1] 例如，智能合约可用于进行能源的控制和分配。区块链公司LO3与西门子公司共同在以太坊平台上开发了一款名为"Transactive Grid"的项目，其是一种基于区块链系统的可交互电网平台。一方面，单个节点的智能合约对该节点能源的分配使用进行总体控制与调度，智能合约会依照预定目标自动控制所有能源的使用和储存。当能源供大于求时，智能合约会自动将多余的能源储存起来，并在供不应求时自动予以分配使用。[2] 另一方面，节点之间利用智能合约进行能源交易。如单个当事人的能源生产过剩，其可以选择利用智能合约对其过剩能源进行自动交易。卖方和买方利用智能合约即可自动达成交易而无须通过电力公司，大幅降低了此类交易的成本。

---

[1] 胡甜媛，李泽成，李必信，等．智能合约的合约安全和隐私安全研究综述．计算机学报，2021（12）．

[2] 凯伦·杨．区块链监管："法律"与"自律"之争．林少伟，译．东方法学，2019（3）．

上述智能合约的组织治理规则，可以分为程序性规则和实质性规则两部分。其中，程序性规则是指以共识机制为主、属于框架合同的智能合约，运行在区块链上的去中心化自治组织的自治规则以及控制智能合约群的外部智能合约亦属于这一概念范畴。共识机制是智能合约发生效力的前提。被改写成代码形式的当事人之间的合意，如想在特定区块链上以智能合约的方式运行则必须通过共识机制的验证，其验证方式是由随机的、非特定且利益不相干的部分节点进行确认，该部分节点所作出的决定被视为全部节点的决定。该类智能合约主要从形式上对个别合同进行审查以决定个别合同之生效与否等程序性事项。同时，交易各方出于对整体框架合同的智能合约的信任选择用个别智能合约在区块链上进行交易。

而被控制的个别智能合约或通过程序性规则生成的智能合约，属于框架合同中的"个别合同"，性质上为"实质性规则"。在框架合同理论下，框架合同不调整具体的给付关系，不直接作为履行基础，只有依其订立的个别合同才具有调整具体给付关系的功能。由此可见，具体交易的实施有赖于当事人各方订立的个别合同。个别合同将当事人之间的交易关系明确化、个别化，具体设定合同的标的、数量、质量等内容。个别合同的首要功能是使框架合同中不确定的内容得以确定，因此个别合同须规定具体的给付义务。个别合同与框架合同的最大不同在于，个别合同规定具体的权利义务关系，属于合同法调整的典型合同。①

---

① 黄立. 民法债编总论. 北京：中国政法大学出版社，2002：55.

五、法律适用：从"合同自由"到"信赖保护"

智能合约设计者和提供者在渲染"技术自治"或"代码即法律"等论调的背后，隐藏着的是这些强势主体对法律干预的强烈排斥。然而，私法与自治向来相得益彰，智能合约中的自治机制，非但不独立于法律之外，反倒应当突出私法介入的必要性。私法自治不等于绝对自由，合同自由亦有边界。在技术驱动市场的导向下，智能合约呈现出一种自治联合体的崭新样态，各当事人如同社团成员般结合为一体，共同决策智能合约的秩序准则。

（一）《民法典》合同编的适用及其局限性

法律规范具有抽象性，其实质内容是预设某种法律事实所产生的法律后果。据此，可以将法律规范分为规定性、禁止性和容许性三种类型。无论是合同自由抑或私法自治，其本质都是一种容许性的法律规范。当我们纠结于智能合约是否是一种合同时，其背后的意思是，可否依据《民法典》合同编对智能合约予以规范。若智能合约不属于合同，就无法在现行合同法框架下评价智能合约当事人的权利义务关系。如此，若一方当事人损害他方利益，法律将难以惩戒当事人的背信行为，从而最终破坏了社会秩序。

在以智能合约形式从事的交易中，代码能否被有效识别？与交易相关的每个代码之名称、类型和数值能否均被如实转录？智能合约设计者将当事人意思表示转化为代码后，代码能否如实表达出当事人的原本语义？此类问题的关键在于，如何在尊重智能合约交易特殊性的基础上，将智能合约中的合意与传统合同法中的合意作出一致性解释。在合同法理论中，有效的要约和承诺，是合同订立的程序要件。要约是希望与他人订立合同的意思表示（《民法典》第472条），承诺是受要约人同意要约的意思表示（《民法典》第479条），承诺到达要约人时，合同即告成立。以自动贩卖机为例，其可被视为智能合约的雏形。顾客只要投入相应金额的硬币，机器便会按顾客事先选好的货物自动出货，其间，无须任何人工操作。与传统合同订立不同的是，智能化交易系统具有自动发出要约和承诺的功能，不需要当事人的直接介入。[1] 所以，销售者在自动贩卖机中陈列货物，可以被理解为一种要约，而顾客投入硬币的行为则可以被视为一种承诺，自动贩卖机自动出货是机器代替销售者履行合同。

在传统交易中，虽然法律将合同成立分为要约和承诺两个阶段，旨在表达双方当事人的意思表示，但在实践中，始终存在反要约之可能性，即收到要约一方向发出要约一方发出不同于原要约的新要约。因此，传统合同的订立，在理论上总是经历要约、反要约、反要约之反要约……的过程，并最终基于承诺而达成合意。在智能合约交易中，一方面，最初的要约人发出要约后，其他当事人无法发出反要约，只能接受或不接受要约，甚至只能接受该要约。另一方面，在传统合同法上，要约

---

[1] 赵金龙，任学婧. 论电子合同. 当代法学，2003（8）.

人发出要约后,可以在特定期限内撤回要约,即使不能撤回要约,若经过了合理期限无人予以承诺,该要约将失去拘束力。但在智能合约交易中,要约人发出要约后即无法撤回要约,甚至不发生要约因时间经过而失去拘束力的情形。以上说明,传统合同法理论难以完全适用于智能合约交易。

在"中国裁判文书网"中以"智能合约"为关键词进行案例搜索不难发现,绝大多数涉及智能合约的案例是涉嫌"传销罪"的案例。其中,以有"金融拆分盘"之称的金融传销最为典型。拆分盘是以庞氏骗局为核心的资金盘,用后来者的金钱累积比例触发拆分条件,为先到者买单。"盘子"总有瓶颈,因为随着后来者投入成本的提高,触发拆分的条件也在升高,直到一个近乎不可能完成的天文数字。此类案例在一定程度上证明了智能合约的法律问题不单是合同问题,而更多体现在"关系"或曰"团体"中,要解决的是智能合约当事人之间所建立起的法律关系是否合法。

若单从合同法的既有规范出发对智能合约进行观察,对这类搭载智能合约的传销行为的界定就成了难点。传统合同法注重合意和意思表示,若单通过合同法观察智能合约,则只能片面地看到部分当事人之间的法律关系,难以览视整个网络的整体关系。

智能合约平台提供者的介入,是智能合约交易的重要特点。在智能合约交易中,平台提供者的定位十分重要,其可以分为两个层面:第一,由于所有智能合约交易都发生于平台上,平台提供者的角色类似于我国《电子商务法》规定的电子商务经营者[1]；第二，平台提供者在若干重要的环节上，以平台控制者的身份监管平台运作，包括用户开户、智能合约上传、智能合约审阅及相关争议的裁决等。区块链技术允许当事人在平台上进行匿名交易，这意味着存储在区块链上的数据不是现实身份的直接数据，而只以公共密钥表彰。不过，事实上，当事人并非完全匿名，通过一定的技术手段，公共密钥依然可以转化为身份数据。

有观点认为，法律会破坏私人交易的信任关系，以至于妨碍市场机制的效用发挥。[2] 那些极力强调智能合约自治性的论调，是"法律阻碍信任关系"观点的具体例证，这一观点有待商榷。在现代合同理论及合同自由理念出现之前，存在一种基于身份的法律秩序，其被称为"法律共同体"（Rechtsgemeinschaft）或"理性联合体"，即指由具有某些客观共性特征的成员所构成的联合体。在该社团内，组织者制定的规则和裁决结果是维系该社团运行的重要基础。其依据的是二元结构的法律规则，即成员自治秩序规则和成员争端解决规则两者并驾齐驱。在智能合约中，合约的设计者、提供者和其他当事人基于某项或某一系列目标，在区块链内相互链接为一体，依靠自治规则和共识机制共同决策事务，这恰恰符合"理性联合体"这一关系结构。

---

[1] 《电子商务法》第 9 条第 1 款规定："本法所称电子商务经营者，是指通过互联网等信息网络从事销售商品或者提供服务的经营活动的自然人、法人和非法人组织，包括电子商务平台经营者、平台内经营者以及通过自建网站、其他网络服务销售商品或者提供服务的电子商务经营者。"

[2] 弗兰克·B. 克罗斯，罗伯特·A. 普伦蒂斯. 法律与公司金融. 伍巧芳，高汉，译. 北京：北京大学出版社，2011：31.

（二）基于团体法视角的裁判逻辑

智能合约与现实世界交互，司法救济必不可少。合同自由不意味着完全的行为自由，通过信赖保护可以保护当事人免受不公平之损害。处于优势地位的一方在行使权利时不得独断和任性，也不能采用滥用、压制或歧视性手段。在智能合约之下，信赖利益保护不仅体现为秉持诚实信用原则，还包括智能合约设计者的注意义务等义务。可惜的是，我国目前立法中对信赖的保护大多仅以宣誓性原则彰显，主要依赖于法官的个案解释及自由裁量权，因此亟待从更广泛的实定法范畴内寻找法律依据。

在智能合约中，公共密钥与电子签名类似，智能合约当事人的法律地位类似于"电子签名依赖方"。我国《电子签名法》第 34 条第 2 项中对"电子签名依赖方"作出了专门界定："是指基于对电子签名认证证书或者电子签名的信赖从事有关活动的人"。可见，我国立法机关已经关注到虚拟空间交易中的信赖关系，这种信赖关系不仅包含人与人之间的信赖，还包括了人与"电子签名"等代码程序间的信赖。笔者认为，《电子签名法》起到了保护虚拟交易中信赖关系的法律作用，但是《电子签名法》的界定思路采取的是"功能等值法"，即电子签名与手写签名具有完全等同的功能。然而，智能合约与电子签名存在本质上的不同。智能合约的公共密钥虽具有部分的识别签名人身份的功能，但在很多情况下难以精准识别签名人的身份属性，无法产生与手写签名完全一致的法律效果。如此一来，依赖《电子签名法》或纯粹依赖合同法均难以形成对智能合约的有效规制,更难以保护智能合约使用者的合法权益。

笔者认为,可以引入默示条款制度作为完善智能合约私法救济的途径。美国法院采用了"违反善意和公平条款"(breach of the implied covenant of good faith and fair dealing),其系一种彰显善意和公平的默示条款(implied terms),旨在保障当事人间的信赖关系。[1] 在英美法中,默示条款是法院弥补当事人意思表示不完善的灵活工具。默示条款之"默示",一部分指的是潜伏、沉淀在当事人之间未形之于外的内心意思,一部分是法院依据其自由裁量权从诚实信用原则或公共利益出发而强加于当事人的结果。[2] 立法者在分配资源时,应将资源分配给最珍视其的人,即权利的"不公平补足"(unfair enrichment),这样才能保证资源的效用最大化,才能优化资源配置,最终提高社会福祉。[3] 法官的职责则在于落实立法者的意旨,即认定当事人违反默示条款时即可能构成侵权,受害人可以要求获得侵权赔偿金。

不过,这种旨在维护善意和公平的默示条款制度,赋予了法官极大的自由裁量权,当引入智能合约时,需要对默示条款的范畴予以一定的缩限。法定的默示条款反映了社会本位思想对合同自由的制约。丹宁认为,为了双方之间维持公平和正义,法院可以强加默示条款,这就是法律上的默示条款

---

[1] Sandra Chutorian. Tort Remedies for Breach of Contract: The Expansion of Tortious Breach of the Implied Covenant of Good Faith and Fair Dealing into the Commercial Realm. Columbia Law Review, 1986, 86: 377-406.
[2] 翟云岭,王阳. 默示条款法律问题探析. 法学论坛, 2004 (1).
[3] 柏士纳. 法律之经济分析. 唐豫民, 译. 台北: 台湾商务印书馆, 1987: 79.

(terms implied in law)。[1] 在美国法上，合同条款可以被明示或暗示表达，在大多数情况下，法律未对合同的缔结方式作出要求，法官需要寻找到符合合同约束力的充分证据。[2] 笔者认为，可以从两个方面展开对智能合约的私法救济并夯实智能合约私法救济之信赖基础：一是民法上的诚实信用原则，二是智能合约设计者及提供者的注意义务（duty of care）。这意味着，在智能合约中，某一当事人违反诚实信用原则时，受害人可以向加害人追究法律责任。另外，智能合约连接着设计者、提供者和当事人，无论是否明示，设计者与提供者均需遵守注意义务，小心谨慎地开展有关业务，不得借"技术自治"规避法律责任。这就如同在发生产品侵权时，我们应该追究的不是产品本身的责任，而应当是产品制造者或销售者的责任。对于智能合约当事人而言，他们可能不知道设计者是谁，因此起诉提供者可能最为简便，不过，当设计者存在故意或重大过失时，也可以将设计者纳入被告之列。

（三）合同自由边界及社团主义倾向

传统合同法秉持"自由即公正"的理念。然而，随着社会的不断发展和交易的日趋复杂，如若完全秉持这种传统的合同自由理念，不仅不能保障交易的公平公正，反倒会滋生社会之种种不公。合同自由是私法意思自治的核心所在，但在任何法律秩序中，都不存在一种不受限制的合同自由。只有建立在规

---

[1] 丹宁勋爵. 法律的训诫. 杨百揆, 刘庸安, 丁健, 译. 北京：群众出版社，1985：35.

[2] See Restatement (Second) of Contracts §4.

则基础上的自由，才是真正的自由。在交易双方实质地位并不平等的现实情形下，如果绝对地遵从合同自由，则存在损害社会公正之高度盖然性。智能合约的设计者在过分渲染其"自治"色彩甚至鼓吹"代码即法律"时，很有可能利用"自治"逃避其应尽的社会责任。

在智能合约交易中，智能合约的提供者及设计者处于强势地位，其设计并主导整个智能合约系统，区块链上的其他当事人只能被动接受智能合约的自动执行。在此等情形下，强势一方当事人通常会利用自己的优势地位制定有利于自身利益的格式条款。传统合同法强调合同中的合意，即当事人意思表示的一致性，而忽视了合同缔结中的路径依赖。这种围绕意思表示展开的解释路径，同样体现在我国的民事立法中。然而，虽然智能合约中的代码生成以意思为基础，但形式化的代码需要经过节点验证，这种代码独有的行为逻辑在一定程度上可能会偏离原本的意思表示。[1] 加之由于代码会自动执行，当事人失去了合同解除权。面对如此情况，法律作为实现正义的手段，就不仅仅是实现当事人期待中的利益，还应保护当事人建立起来的信赖关系。

在智能合约中，计算机程序的复杂化、交易相对方的匿名化以及交易场所的虚拟化等因素，导致原本处于弱势的交易当事人更加弱势，因此，必须构建某种特殊机制才能实现实质的

---

[1] 智能合约的每个计算机终端被称为一个节点，节点与节点之间相互连接，从而形成了基于该智能合约的网络，网络中的每个节点均会验证协议是否已经完成，该特点使得智能合约更加公正、透明。（普里马韦拉·德·菲利皮，亚伦·赖特. 监管区块链：代码之治. 卫东亮，译. 北京：中信出版社，2019：75-76.）

自由及公正。为追求实质的公平,需要对合同自由进行适当限制,以平衡交易双方当事人的地位。桑德尔曾指出,自由主义的设想,使我们能够且的确必须在这种意义上把自己理解为一种独立的存在,然而我们并不是独立的一种存在,因此也可以发现正义的种种局限,于是使我们进入了一种共同体的观念当中,这种共同体的观念标示出正义的局限,揭示出了自由主义的不完善。①

与建立在个人主义(individualism)之上的合同不同,智能合约显现出一种社团主义(corporatism)倾向。社团主义泛指人类为共同利益所进行的一切集体行为,它是人类赖以生存的重要组织形态,也是一种基于朴素的实践行为升华而成的认识论。我国的私法在继受发展中,在很大程度上接受了个人主义,我国不少学者不仅对此表示认同,甚至直接用个人主义作为理论根据,这显然是路径依赖的产物。② 反观社团主义,其应用范围广泛,其既是一种解释工具,也是一种制度安排的价值取向,更为解释智能合约中错综复杂的法律关系提供了一种崭新视角。社团主义并非指向某个行为,而是侧重关注对社会关系的结构化解释。③ 社团主义秉持民主、自愿的法治精神,重构了社团成员之间责任平等、权利平等、风险共担的相互关系。在智能合约的法律关系解释中,应当引入这种团体法

---

① 迈克尔·J. 桑德尔. 自由主义与正义的局限. 万俊人,唐文明,张之锋,等译. 南京:译林出版社,2001:94-95.

② 熊丙万. 私法的基础:从个人主义走向合作主义. 中国法学,2014(3).

③ 本尼迪克特·安德森. 想象的共同体:民族主义的起源与散布. 吴叡人,译. 上海:上海人民出版社,2003:67.

思想，认可社团主义的自治机能，实现法律与技术的同步发展。

六、结论

智能合约是合同吗？这一问题伴随着智能合约的整个发展历程。中外法学界也围绕该问题展开了诸多讨论。需要注意的是，智能合约只是一个技术概念而非法学概念。我们不能因为"合约"二字而望文生义，不应简单地将智能合约理解为"智能化合同"，必须结合具体的交易结构予以分析。不过，可以肯定的是，智能合约是区块链交易的核心，即便无法将其简单归类为某一种合同，其仍与合同有着千丝万缕的联系。

区块链中的智能合约交易具有高度自主性，这引发了"代码即法律""技术自治"等主张。在规范智能合约之前，必须首先揭示智能合约的私法构造，阐明智能合约的缔结以及交易的履行，这无疑是研究智能合约的第一性问题。该问题既涉及智能合约与传统合同的关系，也涉及合同法规则的适用，在更广泛的意义上，还牵涉如何看待技术发展与法律进步之间的动态关系的问题，即在既有法律面临新技术挑战时，立法者和裁判者应如何回应这种挑战，确保交易的安全和快捷，填补法律漏洞，而不是任由"代码即法律""技术自治"等替代法律调整的功效。

在智能合约交易中，往往难以识别对方当事人的真实身份，受损当事人难以举证证明加害者及其行为；加之智能合约交易具有跨国界性，容易成为当事人逃避国家监管的技术手段，甚至与反洗钱等管制规则形成矛盾与冲突。因而如何根据智能合约的特殊性，创设出一套适当的事中及事后救济机制，自然成为重要的第二性问题。在争端解决层面，立法者要考虑建立多元化争端解决机制，同时改善民事诉讼和仲裁的证据规则。在政府监管上，则应当根据智能合约的技术属性，对智能合约设置必要的许可门槛，以便于对智能合约的提供者、设计者进行持续的监督，督促其不断完善代码程序，以实现虚拟交易与实体交易的有机结合。

在既有的法律秩序里，总会不断衍生出新事物、新现象，在新旧事物、新旧现象之间往往存在一种传承关系，此时恰是一种新秩序的形成期。新事物并非全新或没有历史根基。研究此类新事物的关键不在于创设新概念，更不应渲染既有法律的规制失灵，而是要将新事物与传统法律框架相互衔接。这意味着，唯有在充分剖析与理解技术的前提下，才有探讨法律应当如何规范的空间，否则，试图采用自上而下的行政干预手段可能沦为形式主义。对于智能合约的法律规制，既不能施以简单的行政干预，也无法通过一刀切的立法予以解决。法律不能任由技术如脱缰的野马，我们必须在技术进步与法律规制之间寻找平衡。

第四章
元宇宙中的"凭证":万物皆可 NFT 吗?

一、背景

从 2021 年开始，NFT 爆炸式增长。NFT 常被翻译为"非同质化通证"（non-fungible token），是基于且存储于区块链网络的可证明特定的数据文件是独一无二的数据单元（unit of data）。相较于比特币、以太币等同质化代币，NFT 可以注明或标记原生加密资产产权，具有不可分割、不可替代、独一无二等特点，是可以锚定现实世界中物品的一种数字凭证。目前，NFT 应用领域越来越广泛，具有巨大的商业价值。NFT 与比特币等加密货币最大的区别在于 NFT 的不可互换。正是由于不可互换，NFT 可以代表数位文件，如画作、声音、影片、游戏中的项目或其他形式的创意作品，将该数位文件（如艺术品）的信息上传至非同质化代币交易平台，进而创建一个记录在数位账本上的文件副本作为非同质化代币。

2021 年 3 月 11 日，随着一声落槌，佳士得首次拍卖 NFT 艺术品便以约 6 930 万美元成交（约 4.5 亿元人民币）。此后，巨额的 NFT 交易不断涌现，NFT 率先在艺术品领域"开花"，人们期待着 NFT 可以"结果"，进而发挥出超越比特币等同质化代币的实质性作用。马特·莱文（Matt Levine）提出了他所谓的"无聊市场假说"（boredom markets hypothesis）：在足不出户的特殊期内，人们不能做很多他们通常为了娱乐而做的事情，所以他们交易虚拟资产。这似乎为 NFT 兴起提供了一个很好的解释。

《自然》杂志报道了科学界对 NFT 的利用，一些科学家将 NFT 作为给付一定服务的权利凭证，《科学家们如何接受 NFT》一文报道了生物学家乔治·彻奇（George Church）和他在加利福尼亚州旧金山创立的 Nebula Genomics 公司对外宣布，他们打算出售关于彻奇基因组的 NFT，持有该 NFT 的人有访问其数据库的权利。[①] 部分研究建议演唱会等的门票制作成 NFT，以便遏制倒卖行为。[②]

NFT 除了被视为接受服务的证明，在一部分区块链网络上还会被视为"可以提供服务"的权利证明，如 Chia 链的矿池被称作"农业合作社"，加入矿池挖矿的"矿工"需要支付少量的费用以获得矿池的 NFT，证明其成为矿池的一员才可以进行后续的挖矿行为。当然这在区块链网络中并不常见。

目前，NFT 主要存在以下三方面的法律问题：一是持有人和不特定第三人之关系问题，主要涉及虚拟财产权的权利定性和归属；二是持有人和交易相对人之关系问题，这类关系通

[①] Nicola Jones. How Scientists Are Embracing NFTs．（2021 - 06 - 18）[2022 - 09 - 20]．https：//www.nature.com/articles/d41586-021-01642-3.

[②] Nicolas Torres. Golden Ticket：How NFTs Can Help Artists Profit From Ticket Resales．[2022 - 09 - 20] https：//business-law-review. law. miami. edu/golden-ticket-nfts-artists-profit-ticket-resales/.

常是平等交易主体之间的关系，主要通过合同法来解决；三是持有人和 NFT 平台的关系，平台与用户之间既存在平等主体的合同关系，又存在不对等的管理与被管理的关系，因此合同约定的效力判断更为复杂。对于上述问题，应当结合传统合同法理论，从格式条款角度作合法性判断，审查内容包括格式条款是否成立且有效，是否可以作有利于用户的解释，以及是否具有平台法定义务履行的正当性抗辩，等等。NFT 平台应尊重和保护用户的各项合法权益，同时也应尽到充分的注意义务。

二、典型案例：首例 NFT 侵权案

2022 年 4 月 20 日，杭州互联网法院依法公开审理了某科技公司侵害作品信息网络传播权纠纷一案〔(2022) 浙 0192 民初 1008 号〕，该案被称为首例 NFT 侵权案。杭州互联网法院在一审裁判中指出：在当前法律没有明确规定的情况下，本案对 NFT 以及 NFT 数字作品的性质、NFT 交易模式下的行为界定、NFT 数字作品交易平台的属性以及责任认定、停止侵权的责任承担方式等方面进行了积极探索，并形成了相应的司法审查标准，系涉及 NFT 数字作品的新类型典型案例。此案对 NFT 平台的注意义务产生了较大的示范效果，但其中仍有诸多疑问等待进一步澄清。本书仅针对学理问题进行探讨，不关涉案情事实认定。

（一）基本案情

漫画家马某里创作了"我不是胖虎"（以下简称"胖虎"）的动漫形象，并将其发展成为爆款 IP。2021 年 3 月，马某里与奇某公司签署"著作权授权许可使用合同"，约定奇某公司经授权享有"胖虎"系列作品在全球范围内独占的著作权财产性权利及维权权利。后奇某公司在被告公司经营的 NFT 平台上发现用户 A 铸造并发布了"胖虎打疫苗"NFT，售价 899 元。该 NFT 作品与马某里微博发布的插图作品完全一致，甚至还带有马某里微博的水印，被告公司在案涉作品带有著作权人水印的情况下，依然审核通过，允许该作品在平台交易，且收取了一定比例的佣金以及 gas 费。

奇某公司以被告公司侵害著作权为由诉至杭州互联网法院，请求判令被告公司：（1）立即停止侵害信息网络传播权的行为，即删除被告平台上的案涉 NFT 作品，同时将对应的 NFT 在区块链上进行销毁或回收；（2）赔偿经济损失 10 万元。

原告观点主要为：第一，被告平台在用户铸造 NFT 的过程中未要求用户就作品提交任何权属证明；第二，被告平台无视作品中带有明显的水印，依然上架案涉作品，没有尽到初步审核义务；第三，被告平台收取交易费用抽成以及 gas 费的行为，属于直接参与了侵权作品的发行，并获得了收益。

被告观点主要为：第一，被告系第三方平台，案涉作品系平台用户自行上传，其无须承担责任；第二，被告只有事后审查义务，已经将案涉作品打入地址黑洞，尽到通知—删除义务，所以也没有停止侵权的必要性；第三，本案应适用权利用尽原则。

（二）争议焦点及裁判观点[①]

一审法院的裁判主要围绕以下争议展开：

第一，关于 NFT 数字作品铸造、发行的行为性质。法院认为，NFT 数字作品被特定化为一个具体的"数字商品"。在成为"数字商品"后，其具有财产利益，持有人可以享有类似物权的占有、使用、收益、处分的权利。购买者获得的是一项财产利益，而不是一项知识产权的转让或许可授权。NFT 数字作品的铸造，属于著作权的复制行为，"以出售为目的呈现"数字作品的行为属于出售、信息网络传播行为，使公众可以在选定的时间和地点访问 NFT 作品。NFT 平台"发行"数字商品的行为，并非著作权中的"发行"。NFT 数字作品是以数据代码形式存在的"虚拟物"，无有形载体，所以不落入发行权的范畴。由于 NFT 数字作品的发售不属于发行行为，所以也不能适用权利用尽原则。

第二，关于 NFT 平台的属性及责任认定。法院认为，NFT 平台是网络服务提供者，具有更高的注意义务。NFT 交易模式下是所有权的转移，所以铸造者（或出售者）应当是作品原件或复制件的所有者。所有权改变的同时，著作权并未改变，因此，铸造者（或出售者）不仅应当是所有权人，还应当是著作权人或者授权人，否则将侵害他人的著作权。被告平台

[①] 参见杭州互联网法院民事判决书（2022）浙 0192 民初 1008 号。

作为专门的 NFT 数字作品交易服务平台，知道且应当知道，并且应当采取合理措施防止侵权行为发生，审查 NFT 数字作品来源的合法性和真实性，以及确认铸造者拥有权利实施这一行为。法院认为，平台除收取 gas 费外，每次交易后还收取一定比例的佣金，这符合最高人民法院关于侵害信息网络传播权相关司法解释中"网络服务提供者从网络用户提供的作品中直接获得经济利益"的规定，应当对用户侵害信息网络传播权的行为负有较高的注意义务。

第三，民事责任的承担问题。平台应当承担停止侵权、赔偿损失的责任。关于停止侵权的方式，由于案涉 NFT 作品以及相关交易数据保存于区块链上，节点之间无法形成共识而无法删除，所以平台可以采取将侵权 NFT 数字作品在区块链上断开并将其打入地址黑洞的方式。关于赔偿损失，NFT 作品每一次交易费用均记录在区块链上，侵权获利可以查明。

（三）案件评析

笔者认为，该案存在以下五个有待商榷的问题。

1. NFT 的法律性质为何？能否按照信息网络传播权予以规制？

目前，通说观点认为，NFT 是一种数字加密凭证，其法律性质取决于背后的价值支撑，其可以是权利凭证，也可以是虚拟财产甚至证券，应结合具体的应用场景予以分析。因此，法院认为"NFT 交易行为应当受信息网络传播权所控制，NFT 交易是对原作品的复制和信息网络传播"的观点有待商榷。

需要注意的是，信息网络传播权，是以有线或者无线方式向公众提供，使公众可以在其选定的时间和地点获得作品的权利，它是著作权中财产权的重要内容。信息网络传播权侵权认定标准是，行为人是否未经许可向公众提供作品从而使公众可在其个人选定的时间和地点获得作品。此类纠纷常见于近年来的UGC平台短视频"搬运"侵权案例中。自2018年9月9日至2022年2月28日，北京互联网法院共受理涉网著作权纠纷案件107 982件，占北京市法院受理著作权纠纷案件的90%以上。其中短视频著作权纠纷案件2 812件，占全部涉网著作权纠纷案件的约2.6%。然而，NFT并非电视剧或短视频等作品，该案中的NFT虽与原画作有关，却又不能等同视之，有观点将此总结为"对底层资产的权利映射"。那么，将NFT铸造与交易定义为"信息网络传播"，似乎还存在解释上的障碍。

作品复制的目的是在消费市场上与著作权人形成竞争态势，或者说未经许可复制作品是侵犯了著作权人的征收权。[①]而NFT的交易、流转均受制于区块链网络，离开了区块链，它便不再具有价值。因此，对于NFT法律性质的认定，应当区分链上和链下两种场景，NFT的创造者或持有者无权对链下的使用行为进行追究，而链上的行为亦不会侵占作品在现实社会以及网络上的传播利益。

---

① 冯晓青，付继存. 著作权法中的复制权研究. 法学家，2011（3）.

2. 合理的审查注意义务的"度"在哪？

法院将涉案平台定性为"提供 NFT 数字作品交易服务的网络平台"，而非内容提供平台，并指出 NFT 交易平台应承担更高的审查注意义务。据此认为，NFT 交易平台明知或应知侵权行为，且理应采取合理措施防止侵权发生，审查 NFT 数字作品来源的合法性和真实性。

上述观点中，有亟待进一步厘清的问题。网络服务提供者是指通过信息网络向公众提供信息或者为获取网络信息等目的提供服务的机构，包括网络上的一切提供设施、信息和中介、接入等技术服务的个人用户、网络服务商以及非营利组织。根据其提供"服务"的不同，网络服务提供者具体可以分为网络接入服务提供者、网络平台服务提供者、网络内容及产品服务提供者。判断网络服务提供者是否承担侵权责任的关键在于，确定其是否尽到了应尽的合理注意义务，以及在收到权利人通知后是否及时将该通知转送相关网络用户，并根据侵权的初步证据和服务类型采取删除、屏蔽、断开链接等必要措施。网络服务提供者已经尽了应尽的合理注意义务，仍然不能意识到侵权行为存在的，不应承担侵权责任。

笔者认为，需要考虑到区块链与一般互联网的区别，对于"明知或应知""必要措施"等的判断，应该充分考虑到区块链的特殊性质，不应将普通用户创造内容（UGC）平台的注意义务判断标准直接适用于 NFT 平台。在审查注意义务的"度"的把握上，应当在个人利益、社会利益以及产业利益之间进行充分的权衡与考虑。

3. 平台收了 gas 费，是否就应当承担帮助侵权责任？

法院认为，NFT 平台不但在铸造时收取作品 gas 费，而且在每次作品交易成功后收取一定比例的佣金及 gas 费，因其在 NFT 数字作品中直接获得经济利益，故其自然应对此负有较高的注意义务。因此，涉案平台不仅需要履行一般网络服务提供者的责任，还应当建立一套知识产权审查机制，对平台上交易的 NFT 作品的著作权作初步审查，否则应承担相应的法律责任。

对于上述观点，我们首先要弄清楚什么是 gas 费。所谓 gas 费，就是链上手续费，是以太坊等区块链平台上的术语。而链上手续费是区块链平台最为常见的技术特征之一。区块链通过这种机制来激励区块链网络的维护者，同时避免区块链网络被恶意用户 DDOS 攻击、恶意运行无限循环代码等。因此，链上手续费对保障区块链网络的正常运行有着十分必要且积极的作用。NFT 平台收取 gas 费的行为显然不能被简单理解为"在 NFT 数字作品中直接获得经济利益"。gas 费和交易抽成，属于技术服务本身的服务费。

4. "通知——删除规则"在 NFT 平台上是否适用？怎么适用？

法院认为，NFT 作品一旦完成交易转移，就无法在所有的区块链上予以删除，故可将该侵权 NFT 数字作品在区块链上予以断开并将其打入黑洞地址，以达到停止侵权的效果。在区块链中，正常的代币地址均可以转入或转出资产。"黑洞地址"则指找不到私钥或是无法确定私钥的地址，如宇宙中的黑洞一样，物体进去之后便无法出来，即代币无法转出。坊间经常提到的"销毁代币"操作，一般就是将代币打入黑洞地址。但是，NFT 被打入黑洞地址，并非完全被销毁，其依然可以被访问，只是无法转出罢了，在客观上断掉了可流转性（财产性），这是否符合"通知—删除规则"中的删除要求呢？

实际上，从"通知—删除规则"诞生至今，科技正在逐渐改变着法律人对此的认识。相应地，权利人、平台方、用户之间的利益平衡不断被打破，所以避风港原则也需要作一些调整。"通知—删除规则"本质上是"通知—必要措施规则"。换言之，权利人有权通知平台采取删除、屏蔽、断开链接等必要措施，平台在接到通知后，未及时采取必要措施的，应当承担连带责任。那么，NFT 平台自然也应当受到该规则的限制，只是对"必要措施"的解释，应当结合平台的业务功能、技术特点等具体情形，从形式要件与实质要件对其进行双重考察。笔者认为，就本案而言，断开链接并将上链后的 NFT 信息地址打入黑洞地址，便可以被视为最大限度地实现了停止侵权内容传播的效果。

5. 是否应该关注 NFT 平台的特殊性质？还是将其等同于一般的 UGC 平台？

"万物皆可 NFT"，"万物"和 NFT 之间的关系为何？NFT 与 NFT 平台之间的关系又为何？杭州互联网法院试图对此作出解释与规范，可惜的是，法院虽注意到了 NFT 纠纷的特殊性，却混淆了 NFT 与复制品两个不同的概念，将 NFT 简单地理解为"作品的数字化"。

如法院所言，"NFT 作为新一代的基于区块链和智能合约的创新应用,以其非同质化、智能化等技术特点被公认为元宇宙经济体系的核心支柱"。NFT 平台是盘活 NFT 市场的重要交易模式。对于 NFT 的法律性质以及平台的注意义务,显然不能完全照搬针对短视频平台等的裁判路径,而应当充分考虑到区块链技术的特殊性质。尤其是,NFT 的法律性质尚不明朗,对于 NFT 平台的有关纠纷是否可以照搬针对短视频作品侵权的裁判路径,依然有待商榷。

三、法律性质:为何"万物皆可 NFT"?

NFT 是存储在区块链上的数据单元,其可以证明数字资产是唯一的,因此与区块链上的加密货币存在本质区别,同时 NFT 为该 NFT 所对应的数据文件提供唯一的数字所有权证书。这里的数据文件特指所有可以数据化的信息。NFT 允许建立指定数字对象的"来源信息",诸如为某 NFT 的现持有者、前持有者和该 NFT 的创建者就众多数据文件副本中的哪一个是数据文件的原始副本等问题提供无可争议的答案。

在 NFT 市场中,艺术品类 NFT 的市场份额一直占绝大部分。但随着元宇宙、实用程序如 ENS(以太坊域名服务)等应用的兴起,艺术品类 NFT 的市场份额正在逐渐减少。因此,将 NFT 直接等同于数字艺术品的观点失之偏颇。也有观点认为,由于 NFT 具有唯一性,因此其类似于一种真品证书,并非艺术品的复制品。通证(token)的功能类似于权益凭证,网址链接指向相关艺术品,这使得艺术品仍然会受到链接腐烂①的影响。同时，NFT 除了可以与特定数据相关联，也可以在一定条件下与物理对象相关联。故在客观事实上无法将 NFT 与关联对象完全等同。

NFT 通过密码学与特定数据文件相关联，建立起一种数学上的函数映射关系，即在特定的加密方式下，由文件数据所产生的 NFT 数据是唯一确定的，任何文件数据的细微变化都会导致 NFT 的数据发生明显且本质的变化，以至于与原先产生的 NFT 完全不同。同时，NFT 的创造、交易、转移、处分信息均会被记录在区块链网络中，除了行为信息本身会被记录，行为时的时间数据也会被如实记录。通常这一网络是完全公开透明的，没有任何访问的限制，亦无存储的时间和期限的限制。这一部分的特性是由区块链网络和共识机制本身的性质所决定的。

NFT 具有"非同质化性"和"唯一性"两大特点。

第一，"非同质化性"或"不可互换性"，即不可分割性，指的是每个 NFT 不可拆分，完整地代表其原生资产。FT 的英文全称为"fungible token"，中文名称为"同质化代币"，即互相可以替代、可接近无限拆分的代币，典型的 FT 如比特币和以太币等。举例而言，甲手里的一个比特币与乙手里的一个比特币在本质上没有任何区别，这就是"同质化"，这也是比特币可以作为一般等价物的原因之一。然而 NFT 则是唯一的、不可拆分的代币，NFT 不能如比特币一般被拆分为

---

① 链接腐烂指的是，当页面移动或者站点脱轨时，随着时间的流逝，到该网站的有效链接就会断开。

0.1NFT，且每个 NFT 皆不相同，因此其无法成为一般等价物。

第二，"唯一性"，是指 NFT 的稀缺性，即每一个 NFT 都是不同的。"唯一性"恰好与艺术品的特性吻合，这也是 NFT 首先能在加密艺术领域频频大放异彩的原因。当然，尽管在技术层面上 NFT 无法实现分割，但是在法律上，可以通过约定按份占有或共同占有的方式对一个 NFT 进行内部份额的拆分。需要注意的是，同一个原生资产还可以产生多个 NFT。举例而言，一个图片作品可以制作出一百个该作品的 NFT，但与传统的数字形式的图片（如 JPG 格式的图片）不同的是，这一百个 NFT 均不相同。同时，由于 NFT 为区块链上的数据单位，具有区块链去中心化记账的特点，公众可以明确知晓这一百个 NFT 的创建者、转让记录、所有者等信息，这种特性可以更好地保护数字作品的版权，避免作品被随意复制或传播，也确保买家真实且毫无疑问地成为每个 NFT 的唯一所有者。

NFT 的法律性质之争，主要集中在其究竟是不是一种虚拟财产上。其实，虚拟财产的保护问题由来已久，但迄今为止关于其法律性质及保护模式在民法理论上仍无定论。虚拟财产并没有一个科学、严格的定义，通常认为它是具有财产性价值并以电磁数据形式存在于网络空间的财物。[1]《民法典》第 127 条规定："法律对数据、网络虚拟财产的保护有规定的，依照其规定。"这是我国立法上首次对虚拟财产作出的规定。除此

---

[1] 梅夏英，许可. 虚拟财产继承的理论与立法问题. 法学家，2013（6）.

以外，虚拟财产的定性对刑法罪名也有影响，刑法理论界对侵犯虚拟财产涉及的犯罪类型也进行了探讨，大多数学者认为，应当认定虚拟财产为独立的财产适用刑法上的财产犯罪的规定，但仍存在激烈的争论。[1]

以"网络虚拟财产"为检索词，在"北大法宝"司法案例库进行检索可以看出，在虚拟财产的纠纷处理中，法官对有关纠纷的裁判路径可以归纳为：将《民法典》第127条作为网络虚拟财产受法律保护的依据，承认网络虚拟财产的经济价值，进而通过侵权责任法或合同法的思路进行救济。[2] 对于特定虚拟财产能否被纳入《民法典》第127条予以保护的问题，一般需要运用财产的要素标准去判断，特别是从案涉虚拟财产的效用性、稀缺性和可支配性等特征来判断。

笔者认为，NFT本身作为一种数字证书，当与特定数字资产结合时，就具有了财产属性，但是这不意味着NFT必然是虚拟财产。如前所述，NFT为原本可以同质化传播的数字产品铸造了"专有性"，使其变得稀有，同时NFT产品的所有者也可将其处分，因此，NFT产品具有价值性、稀缺性、可支配性，可构成虚拟财产。NFT与传统艺术品或收藏品相结合不仅有较大的收藏价值，也具有投资属性，但是参与NFT交易的主体需注意，不得将NFT作为变相非法融资的方式，亦不可将NFT作为虚拟货币进行流通。NFT的常见类型大致有以下几种。

---

[1] 梅夏英. 虚拟财产的范畴界定和民法保护模式. 华东政法大学学报，2017（5）.

[2] 高郦梅. 网络虚拟财产保护的解释路径. 清华法学，2021（3）.

1. 现实世界艺术品的 NFT

这是在 NFT 早期市场中具有主导性的 NFT 类别，这类 NFT 的产生方式一般有两种：一是艺术品作者授权销毁现实世界的艺术品并生成该艺术品的数字版，同时生成与之对应的 NFT；或直接生成现实世界的艺术品的数字副本，并生成对应的 NFT。如冷军于 2021 年 3 月焚烧了其名为《新竹》的艺术品，并生成了对应的 NFT，于 NFT 市场 OpenSea 进行拍卖。二是艺术家直接在线上创作数字艺术品并生成 NFT，如数字视觉艺术家 Beeple 的 NFT 艺术品。从 2007 年开始，Beeple 每天都创作一件艺术品，最后他将五千幅作品拼接成一张图片，并将其命名为《每一天：最初的 5000 天》（Everydays：The First 5000 Days）。这类 NFT 的交易除有特殊约定外，很多并不必然涉及著作权，一般仅理解为购买者持有了该作品的数字凭证。

2. 确权凭证类 NFT

在特定情形下，NFT 也可以作为著作权的确权及交易凭证。2021 年 8 月 15 日，由四川省区块链版权基础设施"新版链"与阿里拍卖共同建设的"区块链数字版权资产交易"频道在全国率先上线，并开始预展。区块链数字版权资产交易项目为从事文学、游戏、动漫、音乐、美术等的著作权人，提供基于"新版链"进行数字作品版权资产确权认证、上链交易的服务。作品版权在"新版链"生成唯一的数字版权资产凭证，进行交易后的版权资产凭证合法持有人将拥有数字作品除署名权以外的全部权利。

3. 卡片收藏类 NFT

侧重某一特定领域的 NFT，有些类似于卡片收藏，譬如篮球明星类的 NFT 组合"NBA Top Shot"、头像类的 NFT 组合"Crypto Punks"等。该类 NFT 往往只针对特定领域，人为制造出类似"稀缺度"属性，以形成市场价格的差别。此类 NFT 一般由特定的公司或个人发行。此类 NFT 和艺术品类 NFT 都可以在发行时通过智能合约设置一定的"版税"，后续的每次交易仍会有交易价金的至多 10%（OpenSea 和 Superare 的规定）作为版税被收取，支付给交易平台和原作者。

4. 游戏装备类 NFT

一些区块链游戏公司也会将自身开发的游戏装备制作为 NFT。不同于一般游戏，区块链游戏的账户往往并非注册于游戏公司，其生成和管理也并非来源于游戏公司，而是来源于区块链本身，故区块链游戏公司事实上无法对"游戏账户"进行干涉，只能将游戏装备、游戏人物制作成 NFT 发送给特定的区块链地址。同样，在理论上这一地址也可以用于其他任意的区块链游戏或者场景，如果另外的场景支持这一游戏 NFT，则该 NFT 就实现了"无缝连接"，这也是元宇宙连接思想的具体实现。具有代表性的 NFT 是"Axie Infinity"，该游戏基于一种"Play to Earn"的新型模式。用户在参与游戏时，需要使用以太币购买最少三个虚拟宠物 NFT。同时，用户在游戏中还需要参与"战斗"获取奖励，用来升级自己的虚拟宠物。等级越高的虚拟宠物，价格通常也越高。并且，用户还可以通过虚拟宠物之间"繁殖"，产生新一代虚拟宠物并进行出售。有趣的是，新一代虚拟宠物会"继承"上一代的部分数据特性，如肤色、稀有度等，该方式一般是随机生成的。

5. 参与证明、荣誉证明等 NFT

此类 NFT 类似于奖章，譬如以太坊基金会建立的参与者证明协议（Proof of Attendance Protocol，POAP）。根据官网的描述，"POAP 是一种记录生活经历的可靠的新方法"，"每次参加活动时，POAP 收集者都会获得一个由加密记录支持的独特奖章，这些奖章是不可替代的通证（NFT）制成的"。可以理解 POAP 主要作为参与者的证明，但在某些特定场合下也可以被视为荣誉证明，比如以太坊基金会颁发的"以太坊贡献者"POAP，意在奖励为以太坊网络做出贡献的参与者。同时，虽然 POAP 一般是无偿赠与的，但以太坊基金会并未阻止其转卖等行为："虽然不建议出卖你生活中的书签，但你可以通过使用 OpenSea 去这样做"。此外，POAP 可以由任意活动主办方创建并颁发，只需事前向 POAP 官方申请创建活动即可。

四、规范路径：NFT 的监管政策及法律适用

（一）NFT 的监管政策

2022 年 4 月 13 日，中国互联网金融协会、中国银行业协会、中国证券业协会联合发布《关于防范 NFT 相关金融风险的倡议》（以下简称《倡议》），呼吁会员单位坚决遏制 NFT

金融化证券化倾向，从严防范非法金融活动风险。《倡议》虽不足千字，却释放出诸多信号。

第一，秉持中立态度，承认潜力，但也强调风险。《倡议》指出，NFT作为一项区块链技术创新应用，在丰富数字经济模式、促进文创产业发展等方面显现出一定的潜在价值，但同时也存在炒作、洗钱、非法金融活动等风险隐患。

第二，不得脱实向虚，要服务实体经济。《倡议》提出，要坚持守正创新，赋能实体经济。践行科技向善理念，合理选择应用场景，规范应用区块链技术，发挥NFT在推动产业数字化、数字产业化方面的正面作用。确保NFT产品的价值有充分支撑，引导消费者理性消费，防止价格虚高背离基本的价值规律。

第三，六方面全面围堵，防范金融化证券化倾向。这主要涉及六大具体场景：一是不变相发行交易金融产品：不在NFT底层商品中包含证券、保险、信贷、贵金属等金融资产；二是不变相开展代币发行融资：不通过分割所有权或者批量创设等方式削弱NFT非同质化特征；三是不变相违规设立交易场所：不为NFT交易提供集中交易（集中竞价、电子撮合、匿名交易、做市商等）、持续挂牌交易、标准化合约交易等服务；四是不与虚拟货币挂钩：不以比特币、以太币、泰达币等虚拟货币作为NFT发行交易的计价和结算工具；五是警惕洗钱新宠：对发行、售卖、购买主体进行实名认证，妥善保存客户身份资料和发行交易记录，积极配合反洗钱工作；六是不从事NFT融资活动：不直接或间接投资NFT，不为投资NFT提供融资支持。

第四，强调 NFT 的相关权利保护。一方面要求保护 NFT 的底层商品的知识产权；另一方面要求真实、准确、完整披露 NFT 产品信息，切实保障消费者的知情权、选择权、公平交易权。

笔者认为，《倡议》在客观上将 NFT 区分为两种类型："脱实向虚"的金融化 NFT 和"服务实体"的非金融化 NFT。《倡议》基本断绝了前者——金融化 NFT 在我国发展的可能性。二元分置格局对发展我国数字藏品等非金融化 NFT 是利好消息。这是因为，相关企业只要合法合规运行数字藏品平台，不开展或不变相开展借由 NFT 的融资、发行等类金融交易活动，不涉及上述六大坚决遏制的交易场景，便不存在相关的法律合规风险。在 NFT 市场迅猛发展却也乱象丛生之时，《倡议》的及时公布，具有"破立并举、标本兼治"的风向标意义。

NFT 并不等同于虚拟货币，但根据《关于进一步防范和处置虚拟货币交易炒作风险的通知》对虚拟货币的表述，"比特币、以太币、泰达币等虚拟货币具有非货币当局发行、使用加密技术及分布式账户或类似技术、以数字化形式存在"等特点，NFT 似乎亦符合此特点。因此，未来监管是否会进一步收紧，将 NFT 纳入"虚拟货币或相关衍生品"的范围不得而知。

虽然我国还未出台直接关于 NFT 的相关法规与政策，但在企业经营主体投资、发行 NFT 产品的过程中，涉及 NFT 的集资行为和炒作行为有可能触及监管红线。例如，阿里巴巴与敦煌美术研究所曾基于阿里巴巴蚂蚁链联合发布了两款

NFT 非同质化代币，分别为敦煌飞天和九色鹿皮肤，用于支付宝付款码，全球限量发行 16 000 个（两款各 8 000 个），均具有唯一 NFT 编码。后经炒作，上述两款 NFT 在二手交易平台"闲鱼"上的挂牌价最高曾达百余万元（原价人民币 9.9 元）。因此，平台方立即下架了所有 NFT 商品，并作出 NFT 不是虚拟货币的声明。可见，NFT 的价值支撑实际上并不十分明朗，这意味着并非所有 NFT 都会获得法律上的保护。

另外，合法取得的 NFT 受法律保护，但这并不意味着可以自由"发行" NFT。伴随着 NFT 概念的普及，NFT 交易平台作为 NFT 作品流转的关键一环得以快速发展，而经营此类平台需注意以下几点：第一，与国外不同，我国禁止 NFT 交易平台以虚拟货币进行定价和交易。根据《关于防范虚拟货币交易炒作风险的公告》，虚拟货币不能用作为产品和服务定价；金融机构和支付机构等不得发行与虚拟货币相关的金融产品，不得将虚拟货币作为信托、基金等投资的投资标的；等等。第二，从交易平台资质看，如果 NFT 经营平台对数字作品 NFT 进行发行、发售、交易、拍卖等，应取得相应的增值电信业务经营资质、拍卖资质、网络文化经营资质或艺术品经营活动备案等。第三，涉嫌非法集资的法律风险。NFT 属于区块链、数字货币领域的新事物，在具有巨大的经济前景的同时也暗藏着巨大的风险。从融资角度看，我国禁止通过代币进行融资的行为。因此，利用 NFT 作品开展相关融资的主体，应特别注意其融资行为的定性。如果目标公司的 NFT 最终涉及非法集资，那么投资人不得不面对《防范和处置非法集资条例》的规制。根据《防范和处置非法集资条例》第 25 条第 2 款的规定，任何单位和个人不得从非法集资中获取经济利益。

（二）NFT 的法律适用

NFT 的法律性质直接决定着其法律适用问题。在实践中，争议颇多。包括 NFT 侵权案的裁判观点在内的部分观点认为，NFT 是知识产权，这是很片面的理解。除此以外，还有观点认为，NFT 是虚拟财产或数字产权凭证。目前，较为主流的观点是，NFT 是数字产权凭证。

对于"知识产权"的观点，国外多数学者认为 NFT 并不必然与知识产权相关。美国著名知识产权法教授丽贝卡·塔什内特（Rebecca Tushnet）曾指出，从知识产权的角度来看，NFT 并不会从根本上改变知识产权。如果 NFT 的销售或发行涉及复制和分发受版权保护的作品，那么这些 NFT 可能不受版权保护。至少对于非视觉作品而言，版权将涵盖这些复制品，除非适用合理使用的限制或例外。发行 NFT 不会增加任何人的权利，无论是对《蒙娜丽莎》还是《布鲁克林大桥》（这些名画已经被设置为一个或两个 NFT）。在某种意义上，NFT 购买者并不拥有对基础作品的版权。版权所有人同意创建 NFT，则可能被视为一种版权许可。

在美国，版权所有人可以起诉 NFT 侵权行为，如果网站与 NFT 联合托管其作品的副本，他们也可以在适当情况下发送 DMCA 删除通知（反通知）。然而，许多 NFT 并不涉及版权。丽贝卡·塔什内特教授举例，"如果我创建并销售了一个 NFT，我说它与《权力的游戏》下一卷的原稿有关，我不必拥有原稿或复制原稿的任何部分，因此不涉及版权。不过，其中可能会涉及虚假关联问题,但如果我完全没有解释我与乔治·R. 马丁(《权力的游戏》的作者。——引者注)的关系,那也不会是问题"。"这是因为,区块链能保证的只有它自己的'产权链'(chain of title)。一旦我们回归至现实世界,一个表示我拥有X 的证明,并不意味着我必须拥有物理化的 X。简言之,我只是拥有了一个通证罢了。唯有法律和人类社会的共识,才可以决定该区块链通证是否具有外部有效性"[1]。根据塔什内特的观点,将 NFT 的属性局限于知识产权的观点是有待商榷的,即:NFT 与作品的实物或其他合法副本是无异的,除非有特殊的约定,NFT 的转移既不代表版权的转移,在已有版权的作品上增设 NFT 也不会产生其他的权利。可见在知识产权视角下 NFT 并无用处,同时也表明知识产权的权利保护路径不完全适合对 NFT 的保护。

在我国,对于"虚拟财产"的保护,主要的依据是《民法典》第 127 条,即"法律对数据、网络虚拟财产的保护有规定的,依照其规定"。虽然虚拟财产具有经济价值已经成为学术界和实务界的共识,但是对于虚拟财产权的法律性质,尚存在一定的争议。当前学术界和实务界的关注焦点并不一致,学术界更关心虚拟财产权究竟是债权还是物权,而实务界更关注具体争议中应适用何种规则。事实上,在权利的取得、行使、继承、消灭以及受到侵害时的救济等诸多场合中,无论把网络虚拟财产权定性为债权还是物权,规则适用并无实质区别。区别更多

---

[1] Courtney Majocha, HLS News Staff. Memes for Sale?:Making sense of NFTs.(2021 - 05 - 19)[2022 - 09 - 20]. https://hls.harvard.edu/today/memes-for-sale-making-sense-of-nfts/.

体现在权利变动模式及交易安全保护规则上,但这恰恰是常被忽略的内容。对于网络虚拟财产权利的讨论,应该更多关注其中涉及的实质规则适用的价值判断问题。司法实践明显倾向于将虚拟财产权纠纷归为网络服务合同纠纷。基于此,从债权的角度切入,对虚拟财产的转让、网络运营商的违约等似乎更具有解释张力。

关于虚拟财产流转问题,在实名制情况下禁止转让虚拟财产并非因合同约定,而是由于法律强制性规定。在非实名制情况下,NFT 的转让本质上是非金钱债权的转让,依照《民法典》的规定,非金钱债权可以通过当事人的约定禁止转让,但是禁止转让的约定不能对抗善意第三人。不过,关于这种限制转让的正当性和具体规则,值得进一步研究和讨论。

五、结论

随着 2021 年 NFT 市场的迅速发展,NFT 受到了全世界的瞩目。虽然同为代币,但与比特币等同质化代币相比,NFT 受到了截然不同的政策待遇,几乎没有一个国家针对 NFT 作出法律政策上的特别限制,大多秉持的是鼓励与规范的基本态度。究其原因,主要是因为 NFT 虽然是虚拟代币,却更具有盘活实体经济的比较优势。正因如此,在中国,NFT 未来是以促进实体经济为基本发展路线的。不过,这并不意味着 NFT 不会产生法律问题,只要涉及财产权益问题,必然会引发有关的确权纠纷。

目前,学界对 NFT 的探讨多集中在知识产权范畴,主要是受到前文所述杭州互联网法院审理的 NFT 侵权案的影响。该案件引发了学术界与实务界对 NFT 作品侵权以及 NFT 法律性质的关注。不过此种视角不免片面，NFT 是现实资产或数字资产在区块链上的数字凭证，不能简单地等同于对某一作品的数字化复制，其具有独立的价值。这就好比一块翡翠与该翡翠的鉴定证书，虽然鉴定证书上有该翡翠的照片，但并不能说鉴定证书等同于该翡翠的复刻。当然不可否认，在市场实践中，也有通过 NFT 对原作品进行复制的情形，但此类问题在传统理论范畴内就可以解决，并非 NFT 带来的新问题与新纠纷，因此无须过多探讨。

NFT 的法律性质为何？NFT 是否属于虚拟财产？NFT 是否具有财产权益？是什么赋予了 NFT 价值？NFT 本身能否脱离现实资产单独具有价值？要回答这一系列的问题，需要澄清 NFT 的价值构造。NFT 的整体结构具有三个层次：底层的基础技术，上层的 NFT 发行规则，最接近用户端的 NFT 流转渠道。NFT 的核心价值在于"流转"。笔者认为，NFT 的价值可以拆解为"独立价值＋映射价值"。不同类型 NFT 的独立价值和映射价值各异，我们既不应否定 NFT 的独立价值，也不应否定 NFT 的映射价值，需要结合 NFT 的交易结构对其进行类型化分析，而不应一刀切地简单下结论。譬如，通过 NFT 项目募集资金，并将组织管理层的收益分配给投资者，这种操作具有证券属性，应将其归类为证券型 NFT，适用《证券法》的监管与规制；再如，将 NFT 作为支付结算的手段，其可能会是一种虚拟资产。上述例子都是极具独立价值的 NFT 类型，其明显不是对作品的复制。

第五章

元宇宙中的团体自治：
共识机制通向数字正义吗？

一、背 景

当我们身处元宇宙中,我们因何而信赖这个虚拟社会?我们在元宇宙中的虚拟资产该如何认定?谁来决定资产的认定?若发生纠纷,如何确保公平正义?为回应上述问题,需要认真研究元宇宙中的信赖基础。那么,是否需要一个可信任的第三方机构,抑或依据一套约定俗成的规则,究竟哪一种信赖机制更适合元宇宙呢?在虚拟世界里,是否会出现最佳的代码,形成某种规则,可以完美避开"人性的弱点",以最大限度地实现数字正义?

技术支持者秉持"代码即法律"理念,他们认为,代码逻辑是刚性的,具有确定性,更值得信赖。这是因为,和传统社会人与人之间的信赖基础不同,在元宇宙中,由于身份匿名化和虚拟化等因素,人们真正信赖的是共识机制,这是一种基于区块链的去中心化逻辑的表决机制。共识机制是区块链的核心技术,其本质是多数决原则。和传统社会按人头或资本计算投票不同的是,共识机制依据算力或通证持有量,甚至依据"信誉额度"进行多数决。不过,尽管在具体形态上有所不同,但不影响其多数决的本质。

人们对共识机制寄予厚望,认为它可以解决信任危机,是元宇宙经济体系的核心支撑,可以更好地保障用户的虚拟资产和虚拟身份的安全。但是,共识机制能否真的化解一切信赖危机?该"共识"能否真正通向所谓的数字正义?实际上,代码这一刚性规则,并不一定可以代表"正义",因为在"代码即法律"的理念下,黑客袭击甚至可能被视作一种允许的"玩法"。为回应上述问题,本章从功能主义角度入手,试图厘清共识机制的法律构造和不同类型,透过技术外壳观察其内在本质。

二、概念界定:共识、共识机制与区块链

(一)共识:技术驱动下的新型合意

共识指的是达成的一般协议(general agreement)。举例而言,一群人(a group of people)去看电影,如果对看什么电影的提议没有分歧,那么就达成了共识。但在极端情况下,该团体(group)最终可能会分道扬镳(split)。在区块链语境下,某一项提议达成共识,一般意味着区块链网络上超过51%的节点(blockchain node)同意该提议。[①] 需要注意的是,区块链系统的参与者在网络空间中被化约为"节点"。但是,"节点"指的是计算机或手机等终端系统,与法律意

---

① Consensus Mechanisms. [2022 - 11 - 03]. https://ethereum.org/en/developers/docs/consensus-mechanisms/.

义上的主体并不一定存在对应关系。真正的区块链成员是控制节点的操作者。

实际上，关于共识问题（consensus problem）的第一次精确描述可以追溯到1980年莱斯利·兰伯特（Leslie Lamport）的一篇论文《在存在错误的情况下达成协议》（"Reaching Agreement in the Presence of Faults"）。[1] 维基百科对计算机科学条件下的共识下的定义是：在分布式计算机系统上，通过一定的容错措施，保证系统可靠运行，保持系统中的各个组件都能达成对同一数据的认可。比特币官网（http：//Bitcoin. org.）对共识是这样解释的：共识就是大部分的节点，都在自己本地区块链上接收到了相同的区块。因此，所谓共识，就是一群具有各方面差异性的人在某方面达成了一致意见，并将其上升为共同遵守的规则。人类文明的发展与繁荣离不开社会群体内个体间的分工协作，而如何分工、决策、分配资源及奖惩，全都仰赖一个公认的规则，或者我们可以将其称为"共识"。

共识并非区块链独有。伴随人类文明的演进发展，法律、选举、代表、协商或仲裁等都可谓是一种"共识"，达成共识依靠的是社会制度。人类社会选择的是基于中心化模式构建与维护群体共识，该共识方式既高效又稳定。不过，中心化模式并非达成共识的唯一方法，基于去中心化模式也可能达成共

---

[1] M. Pease, R. Shostak, L. Lamport. Reaching Agreement in the Presence of Faults. Journal of the Association for Computing Machinery, 1980, 27（2）：228 - 234. [2022 - 11 - 03]. http：//lamport. azurewebsites. net/pubs/reaching. pdf.

识。区块链上的共识机制主要解决两个问题：一是完全对等的节点之间如何竞争记账权。二是在实际操作中，由于网络延时等原因，偶尔会出现两个节点均认为自己获得了记账权而去打包区块并通知其他节点，其他节点会将首先收到的通知记录下来而忽略另一个，两次通知时间间隔较小，必然会造成所有节点账本的写入不一致，即所谓"双花问题"。对于这种问题，区块链网络的解决办法是暂时接受这种链条分叉的状态，而以后续若干区块打包节点的记录为准。这种保留最长链的方式能够保证在复杂网络环境下多节点依然能够记录一个权威的账本。现存独立的区块链网络有上百条，所用的共识机制大同小异，主要区别体现在竞争记账方法上，因而我们常常用竞争记账的方式来命名不同的区块链共识机制。

需要注意的是，由于区块链交易可以匿名方式开展，因此难以直接确定交易主体的民事行为能力。然而，传统的合同关系或团体组织，都需要具有明确的主体与边界，而区块链系统以"节点"作为参与者身份的辨别标准，难以寻找到真正的法律主体。所以，即便达成了共识，也只是基于区块链节点的共识，难以明确其背后的法律主体，这正是区块链的共识与传统社会的共识之重要差异。对于合同关系或者团体组织而言，要想厘清其中的法律关系，一个首要解决的问题就是合意是如何达成的，在此基础上，方可进一步探讨其中的权利义务关系。有学者认为，在区块链中无法认定合意的存在，该观点有待商榷。虽然这种合意隐藏于区块链的匿名系统中，但"看不见的"并不意味着"不存在"，我们应当穿透技术外壳观察里面的本质。

（二）共识机制与区块链

那么，什么又是共识机制？共识机制（consensus mechanisms，也称共识协议或共识算法）指的是，在区块链网络中某一个团体（group）对某种算法达成共识，用以决定群体的自治规则和重大事项的决策方式。共识协议和共识算法通常可以互换使用，但是，协议和算法各有侧重。协议是一组标准化规则，用于控制系统及其许多功能部件的操作和交互方式；算法是解决问题的确切方案。

共识机制是区块链网络的基础，它决定着如何才能将信息添加到共享存储库中，主要解决人们对数据的信任问题。共识的本质是团体自治，但是不同于一般的中心化治理模式，区块链上的共识是一种成员共同参与治理的模式，每一个区块链成员均拥有投票权和话语权，这是区块链最重要的特征，使得区块链不受任何中心化机构的控制。依靠共识机制，区块链上自治运行计算机代码并创建一个高度确定的系统，除非代码中有撤销交易的特定机制，否则各方均无法直接撤回交易。

区块链为什么需要共识机制？对此，首先需要厘清何为区块链。根据中国信息通信研究院 2018 年发布的《区块链白皮书（2018 年）》的界定，区块链（blockchain）是一种由多方共同维护，使用密码学保证传输和访问安全，能够实现数据一致存储、难以篡改、防止抵赖的记账技术，也称为分布式账本技术（distributed ledger technology）。① 从软件工程学的角度而言，区块链可以被视为位于网络通信协议的应用层与传输层之间的一种新型应用协议。② 根据去中心化的程度不同，区块链可以划分为公有链、私有链和联盟链，这里所称区块链主要是指公有链。当前的在线服务多采用"客户端—服务器端"（client-server）的中心化模式，区块链则是将服务器端分解成数量较多的组成部分，而非由少数组织所控制的数据库，这也常被描述为"去中心化"（decentralization）③。去中心化网络通过节点系统达成共识，这些节点用于验证交换、记录收集到的信息并共享真正正确的数据。

举例而言，在银行体系中，储户之间的交易可以通过查账来验证信息，这便是中心化的运作模式。在该模式中，所有人都信赖银行这一中央体系。典型的电子现金系统会使用中心化的账簿来追踪账户余额，不管是中央银行、商业银行还是任何其他的支付服务提供商，都需要一个中心控制的数据库来追踪这些钱是属于谁的。去中心化模式则试图摆脱中心化控制并实现完全匿名化，于是共识机制应运而生。在区块链

---

① 中国信息通信研究院，可信区块链推进计划. 区块链白皮书（2018年）. [2022-11-03]. http：//www.caict.ac.cn/kxyj/qwfb/bps/201809/P020180905517892312190.pdf.

② Satoshi Nakamoto. Bitcoin：A Peer-to-Peer Electronic Cash System.[2022-11-03]. https：//bitcoin.org/bitcoin.pdf.

③ 去中心化是互联网发展过程中形成的社会关系形态和内容产生形态，是相对于"中心化"而言的新型网络内容生产过程。相对于早期的互联网（Web 1.0），Web 2.0的内容不再是由专业网站或特定人群所产生，而是全体网民共同参与、权级平等的共同创造的结果。任何人都可以在网络上表达自己的观点或创造原创的内容，共同生产信息。

上,并没有如银行般的中心化角色。以比特币或以太坊区块链为例,其中涉及六七千个节点,应当以哪个节点的账本为准?更何况,其中可能混杂有恶意节点的假账本,如何避开假账本,同时获得多数节点的认同与记录呢?这个方法与过程就是共识机制。简单而言,共识机制就是一种在区块链网络中让众多互不相识的节点记录的信息一致且真实的机制。中心化与去中心化的模式如图5-1所示。

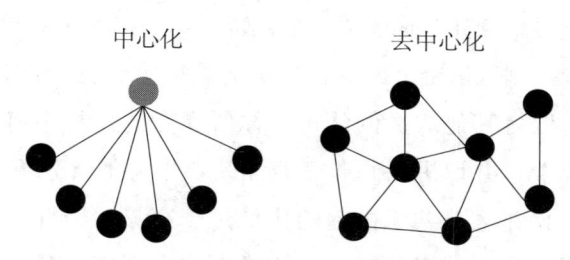

图5-1 模式对比:中心化与去中心化

共识机制的特殊之处在于"去中心化"逻辑。在区块链网络中,通过哈希函数的算法,让分散在全球各地成千上万的节点(位于计算机终端的成员)就区块的创建和信息的记录达成一致意见,并永久性地记录在区块链之上。共识机制的参与者是位于计算机终端的节点,通过区块链共识机制的应用,可将分散在世界各处的计算机集合至一个统一的网络以实现大规模的机器协作。共识机制的主要优势如下:一是摆脱第三方中介,从交易记录保存到财务审计,从监督到执行,均无须可信的中间人予以验证;二是全程自动化,由于合约交割是自动履行的、远程的且无时间延迟,复杂的交易流程被大幅简化;三是交易成本低,共识机制被公认为是真实、有效且可信的,因此合同的准备、起草、签署和后续管理的法律服务费用不复存在。①

作为区块链的重要构成，共识机制与加密货币、智能合约都密切相关。譬如，比特币、以太币等加密货币都利用共识机制验证交易真实性和维护底层区块链的安全系统。该系统的目的主要是确保所有合法交易都被记录在区块链上，并且区块链的每个副本都包含所有有效交易。因此，共识机制对区块链交易非常重要。例如，你购买一个比特币，并将其转移到加密货币钱包中，则区块链上的其他成员必须同意你拥有该比特币，如果没有取得其他成员的认可，你所拥有的比特币将毫无价值。实际上，共识机制并非完美无缺，也并非无法篡改区块链系统，而是篡改共识机制的代价过于高昂。因此，共识机制可谓是科技与博弈的结合。从攻击成本而言，黑客想控制51%的节点以改变共识的结果，是一种吃力不讨好的行为，其代价极高，需要特定的计算机硬件和大量的电力供给。②

其实，共识机制的诞生远早于区块链。早在 1988 年，林奇（Lynch）、德沃克（Dwork）和斯托克迈尔（Stockmeyer）就提出并证明了在部分同步的系统中实现共识机制的可能性。1998 年，第一个名为"Paxos"的共识机制被提出。"Paxos"由图灵奖得主、分布式系统先驱莱斯利·兰伯特于 1998 年提出，在《兼职议会》（"The Part-Time

---

① Mark Giancaspro. Is a Smart Contract Really a Smart Idea?: Insights from a Legal Perspective Computer. Law & Security Review，2017，33（6）.

② 凯文·沃巴赫. 信任，但需要验证：论区块链为何需要法律. 林少伟，译. 东方法学，2018（4）.

Parliament")一文中，兰伯特以希腊的一个名为"Paxos"的小岛作比喻，描述了小岛中通过决议的流程，并以此命名了该算法。[①] 目前，谷歌的很多大型分布式系统都采用了 Paxos 算法，如 Chubby、Megastore 以及 Spanner 等。

不过，共识机制的真正兴起是伴随着加密货币的。1998年，华人密码学家戴维提出了"B-money"设想，其可谓是加密货币的早期版本。作为第一个试图通过去中心化共识来创造数字货币的想法，他认为，"由于在一定程度上必须信任服务器，因此需要某种机制让它们诚实"，"每个服务器都需要存入一定数量的特殊账户中的数字货币，用作潜在的罚款或奖励不当行为的证明"[②]。这里的"某种机制"（some mechanism）指的就是共识机制，其基于的是工作量证明（proof of work, PoW）。B-money 是研发数字货币的一次有意义的探索。2013年，以太坊创始人维塔利克·布特林将以太坊的基础货币单位命名为"Wei"，以纪念戴维对数字货币做出的贡献。2005年，比特币的创始人之一哈尔·芬尼（Hal Finney）这样形容共识机制："允许客户端动态验证服务器的安全性，彻底颠覆了可信计算的概念，该技术不是对个人隐私的威胁，而是成为隐私的福音，并为网络用户提供了投票权。"[③]

[①] Leslie Lamport. The Part-Time Parliament. ACM Transactions on Computer Systems，1998，16（2）.

[②] Wei Dai. B-money. ［2022－11－03］. http：//www.weidai.com/bmoney.txt.

[③] Hal Finney. Reusable Proofs of Work. ［2022－11－03］. https：//nakamotoinstitute.org/finney/rpow/index.html.

三、类型化分析：共识机制的不同模式

共识机制的意义在于，确保每个节点的数据一致且正确，通过共识之"协议"实现自律型监管。[①] 决议行为属于多方民事法律行为，因此具有团体性特点，决议结果对团体内部全体成员都具有法律约束力。一般决议行为的多数决，通常分为资本多数决、成员多数决与混合多数决等。共识机制的多数决，大多系根据中央处理器算力进行，目前主流的两种方式分别为工作量证明（PoW）和权益证明（PoS）。

（一）工作量证明

工作量证明，顾名思义是以"工作量"作为表决权、话语权或分配权的衡量标准，这是目前最普遍的共识方式。不过，"工作量"并非人的劳动力，而是指计算机算力的工作量。若某攻击者想要修改过去的区块信息，他必须重做区块并推翻以往的"决议"，这几乎是不可能的。工作量证明的共识机制的运行机理如下：第一，"挖矿"（mining）。任何人都可以通过计算机系统参与某些数学计算难题，最先算出答案的人将结果广播到全网。第二，取得共识。上述结果必须经由每个网络节点（计算机终端）验证，应当取得多数节点的投票表决通过。

[①] 石超. 区块链技术的信任制造及其应用的治理逻辑. 东方法学，2020(1).

第五章　元宇宙中的团体自治：共识机制通向数字正义吗？　151

第三，完成分布式记账。每个节点在自己的账本中给上述矿工的账户添加或销毁与工作量等价的加密货币，交易的发送方和接收方都没有真实姓名，只是公钥，发送方用私钥签名，然后广播交易到全网。第四，交易完成。工作量证明共识机制的交易结构如图 5-2 所示。

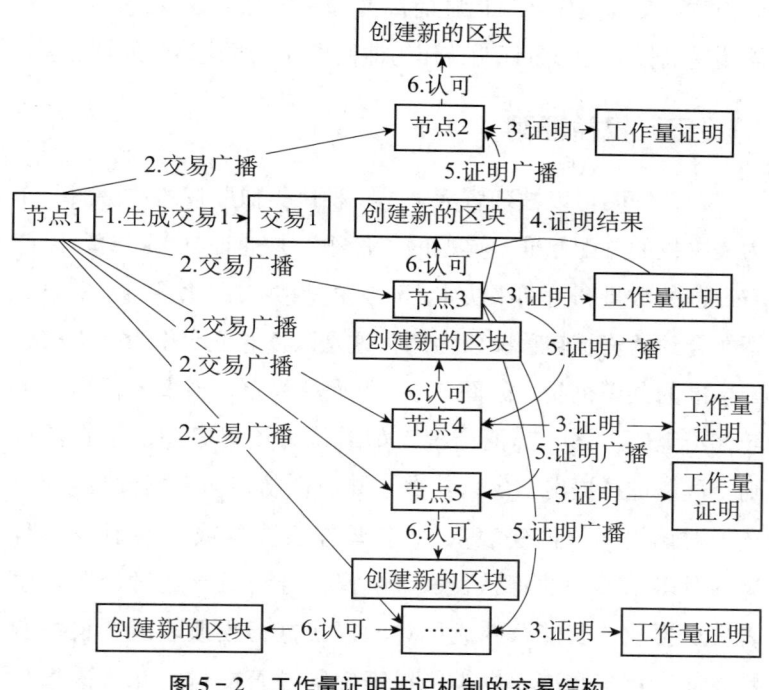

图 5-2　工作量证明共识机制的交易结构

在上述共识机制中，每一项交易都需要通过合约（contract）予以实现，每一个合约都需要有仲裁人（其他区块链成员）参与验证。每当一笔新的交易产生，每个成员都更新他们手里的记录，因此没有任何人能够阻止交易，这样可以保证所有用户的隐私安全。

在比特币系统中，节点使用中央处理器算力对某一项提案进行投票，通过延长有效区块来表达对其的"同意"，通过拒绝在无效区块上工作来表达对其的"拒绝"。实际上，任何治理规则都可以通过这一共识机制来实现。共识机制是动态稳定的，因为节点及其操作者可以随时离开和重新加入区块链网络，只需接受最长的工作量证明链作为他们离开时发生事件的证据。①

（二）权益证明

权益证明可以被理解为，是一种以类似股权的"份额"作为表决权的分配标准。典型的"份额"是通证（token），以持有通证的数量和时间来决定当事人的表决权占比。② 以 Aragon 智能合约的资金转移决议为例，这是以权益证明作为表决权分配标准的共识机制。如图 5-3 所示，首先，当事人提出一项转移资金的提案，其他当事人如果认为该提案违反了自治规则，可以选择提出异议；其次，共识机制将会根据预设规则，选择对该提案"创建表决"、"暂停表决"或"取消表决"，这涉及多个不同的意思表示，由智能合约成员通过投票程序表决；再次，智能合约成员对该提案进行投票表决，根据所持通证进行多数决，由投票程序确定是否支付，并将该指令发送给财务程序；最后，财务程序进行核准，确定支付金

---

① Satoshi Nakamoto. Bitcoin: A Peer-to-Peer Electronic Cash System . ［2022-11-03］. https：//bitcoin. org/bitcoin. pdf.

② 吴烨. 智能合约：通过合同的自治框架. 河南财经政法大学学报，2022（5）.

额，将转移资金的指令发送给钱包程序并进行转账。[①]

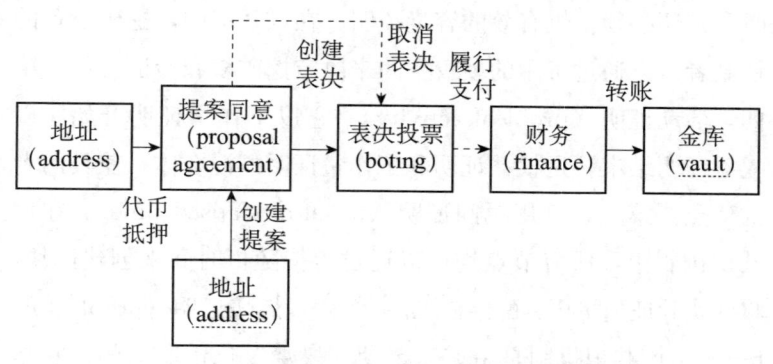

图 5-3　Aragon 资金转移提案的投票流程

（三）其他类型

除上述类型外，在实务中还有其他类型的共识机制。第一，权威证明（proof-of-authority）。权威证明并不常见，但具有独特的形式。它主要由私营公司或组织使用，其依赖已知的、信誉良好的验证者来生成区块，而并不像其他基于公众共识的共识机制。第二，委托权益证明（delegated proof-of-stake）。委托权益证明是权益证明的一种升级模式。在该系统中，每个质押代币的节点都可以参与到"铸造"过程中。用户既可以直接投票，也可以将投票权交给其他节点代表他们投票。如果被选定的代表验证并签署了区块中的所有交易，他们会获得相应的奖励。第三，容量证明（proof-of-capacity）。这

[①] Luis Cuende, Jorge Izquierdo. Aragon Network：A Decentralized Infrastructure for Value Exchange. [2017-04-20]. https：//cryptorating. eu/whitepapers/Aragon/Aragon%20Whitepaper. pdf.

是一种基于存储空间证明的共识机制,当节点向网络提交区块时,其还必须提供有效的容量证明。在该系统中,挖矿设备的控制者可以通过可用的硬盘空间来决定挖矿权和验证交易。第四,活动证明(proof-of-activity)。它以工作量证明开始,以权益证明结束,是权益证明和工作量证明的混合体,兼具两者的优点。第五,已用时间证明(proof-of-elapsed time)。在该共识机制中,所有节点均可以通过等待随机时间来创建区块,将区块验证随机再分配给矿工。[1] 第六,燃烧证明(proof-of-burn)。该共识机制是由矿工定期"燃烧"代币驱动的,它是永久删除某种代币的过程。这种方法不仅验证了新交易,还有效地防止了"通货膨胀"。无论上述哪种共识机制,均只能作形式审查,无法对交易的实质内容进行审查。这种审查方式也带来了法律风险,如在以太坊上运行的暗网黑市"丝绸之路"(Silk Road),从买卖毒品到雇凶杀人,无恶不作。

四、法律适用:共识机制是一种决议行为吗?

不同功能的共识机制用于决策不同事项,共识机制可细分为劳动力分配(division of labour)、激励管理(management of incentives)和资源分配(allocation of resources)等类型。[2]

---

[1] Mic Bowman, Debajyoti Das, Avradip Mandal. On Elapsed Time Consensus Protocols. [2022-11-03]. https://eprint.iacr.org/2021/086.pdf.

[2] Alex Rea, Daniel Kronovet. Colony Technical Whitepaper. [2020-10-02]. https://colony.io/whitepaper.pdf.

其中，"劳动力分配"指的是，为促进系统内的分工，对智能合约成员的权利义务进行划分；"激励管理"指的是，对智能合约成员进行激励，如通过"挖矿"获得加密货币；"资源分配"指的是，对智能合约内部的资源进行分配（如增减加密货币等），这主要是对特定当事人的奖惩机制。当然，除上述事项外，共识机制还可以被用于其他的决议事项。①

本质上，共识机制是基于区块链网络的成员多数决。但是，共识机制至多是一种团体成员达成的"合意"（agreement），仍然难以被称为"决议"（resolution）。这是因为，决议行为作为一项法律行为，必须依据法律规定，否则，由多数人决定少数人的命运，极易损害少数人的利益。技术因素的介入使得共识机制具有不同于一般决议行为的特殊性及法律风险。对此，无论个人主义抑或团体主义都会走向极端，过分强调团体的自治地位，则会强化权威和垄断，以致破坏个人自由。基于区块链的自治秩序，也并非绝对的自治，而是在既有法律规范框架内的私法自治。② 一般团体都是依法注册的，其决议效力也是法律规定的，但在元宇宙中，是愿者自负，"共识"更像是大家达成共识的框架协议。

我国《民法典》第134条第2款规定："法人、非法人组织依照法律或者章程规定的议事方式和表决程序作出决议的，该决议行为成立。"智能合约的决议行为是否适用此条，必须首先澄清以下两个问题：第一个问题是，区块链组织是不是非

---

① 吴烨. 智能合约：通过合同的自治框架. 河南财经政法大学学报，2022（5）.

② 吴烨. 论智能合约的私法构造. 法学家，2020（2）.

法人组织？以 DAO 为例，其一般具有特定的经营目标、可以独立支配的数字资产（通证或加密货币），而平台提供者或"委员会"在身份上类似于非法人组织的"代表人或管理人"。就此而言，目前绝大多数的 DAO 都具有非法人组织的雏形。第二个问题是，以代码为表彰的区块链自治规则，是否属于"章程"？对此，有必要作目的性扩张解释。决议行为的成立要件为"依照法律或者章程规定"，这说明，法律对决议行为采取的是法定主义和团体自治相结合的调整方法。不同于公司章程载于纸面，共识机制蕴藏于代码程序中，但这并不影响其团体自治的本质，共识机制属于民法上的决议行为。[①]

决议行为的法律效力，具有程序性和团体性的突出特点。[②] 智能合约在区块链环境下按照合同的团体自治机制，通过建立、管理和维护合同关系，以达到特定的团体目标。与一般组织不同的是，区块链组织是非实体存在，一切均通过代码予以表彰。位于节点的当事人通过共识机制，将分散的意思表示汇集形成团体意思。就此而言，并非"代码即法律"，而以代码形式所表彰的团体意志才是智能合约的团体之"法"。共识机制的本质是团体意志的表达，应当属于民事法律行为。[③]

对共识机制的认可，绝不是对自由主义或个人主义之价

[①] 吴烨. 智能合约：通过合同的自治框架. 河南财经政法大学学报，2022(5).

[②] 王雷. 论我国民法典中决议行为与合同行为的区分. 法商研究，2018(5)：128.

[③] 吴烨. 智能合约：通过合同的自治框架. 河南财经政法大学学报，2022(5).

值观念的颠覆，亦没有否认私法自治原则。恰恰相反，这正是私法自治在新技术领域的一种延伸。团体内部意思与外部交易行为之间，存在关联互动和效力区分，而效力区分主要对应决议行为与合同行为的效力区分，对此需要妥当兼顾实现团体内部自治和维护外部交易安全。因此，共识机制的最终决议仅对内部有效，并不必然产生对外的强制执行力。[1]并且，该决议如果侵犯了少数人的合法权益，依旧有可能是无效决议。

需要注意的是，共识机制更关心程序正义，并不关心实质正义。[2] 多数决原则的本质是实现决议的程序正义。互联网不仅改变了我们的生活和思维方式，同时也正在改变着正义的理念。因此，不少技术崇拜者提出法律可以代码化，认为在互联网和科学技术的助力下，通过计算机代码可以在线解决各种纠纷，不仅分流了案件、精简了程序，而且降低了纠纷解决成本，促使当事人更加接近正义。此类观点有部分道理，但是，代码是刚性的，并不能完全代表人类社会的正义。因此，程序正义以及传统正义理论应当与时俱进，为实现数字正义而努力。[3]

---

[1] 吴烨. 智能合约：通过合同的自治框架. 河南财经政法大学学报，2022(5).

[2] 吴烨. 智能合约：通过合同的自治框架. 河南财经政法大学学报，2022(5).

[3] 伊森·凯什，奥娜·拉比诺维奇·艾尼. 数字正义：当纠纷解决遇见互联网科技. 赵蕾，赵精武，曹建峰，译. 北京：法律出版社，2019：1-2.

五、结论

在数字时代,科技让正义的实现途径更为多样,甚至让人们更容易抵达正义的彼岸,于是诞生了"数字正义"的概念,这为人们带来了更多的期待与希望。一些技术狂热者认为,现实世界中的制度存在缺陷,在互联网空间可以另设一套规则,以达到数字正义。他们认为"代码即法律,区块即正义",这表达了一种"乌托邦"式的理念,即通过不依赖于人的计算机协议来治理社会。共识机制便是在此背景之下应运而生的,试图打破过去的中心化治理模式。不过,基于共识机制的去中心化模式一定是更好的选择吗?

其实,无论是中心化模式还是去中心化模式,其本质都是一种资源分配方式罢了。相比传统的中心化模式,共识机制有三个优点:第一是容错性,即不因某一局部的意外故障而停止工作,因为它依赖独立工作的多个组件,它的容错能力更强;第二是抗攻击性,对去中心化系统进行攻击破坏的成本,比对中心化系统进行攻击破坏的成本更高;第三是抗勾结性,共识机制的参与者很难相互勾结,从而在一定程度上杜绝了组织管理者为了自身利益做出损害组织的行为。基于上述优点,人们对去中心化模式寄予了更多期待。

互联网空间是现实世界的一种延伸,其并不是一个与现实世界完全割裂的独立存在。共识机制是基于计算机算法和代码程序实现的,并不通过某一中心化的权威机构。缺乏中心化机构的把控，有时可能会产生规制失灵与责任失灵等问题。因此，不应当完全排斥司法的干预与介入。共识机制的好处是可以摆脱人性的弱点，不依赖某个人或某个主体的主观操纵，也基本没有人可以更改它。但是，机器虽然是确定的，是更透明和更值得信赖的，但也是缺乏弹性的，甚至可能是僵化的。与机器或代码不同的是，法律规则与政策恰恰是具有自我调节功能和一定的弹性空间的，可以依据外部环境的变化进行修改、更新。

第六章

元宇宙中的经济系统：
数字货币受法律保护吗？

一、背景

2020年8月，商务部印发《全面深化服务贸易创新发展试点总体方案》，提出了数字人民币的试点工作计划，将在京津冀、长三角、粤港澳大湾区及中西部等地区陆续开展数字人民币试点工作，这意味着我国正式开启了法定数字货币的实践之路。随着我国开始推进法定数字货币的研发和部署，针对数字货币的学术讨论日渐增多，有关数字货币的法律解释也备受关注。与此同时，国内外相继涌现出与数字货币相关的各种纠纷案件，由于裁判者对数字货币法律性质存在不同认知，遂产生了截然不同的法律适用及裁判结果，这直接影响了利益受损方能否获得赔偿等现实问题。

在市场中，有人热衷于数字货币交易，却不了解数字货币的本质和结构；民间数字货币有的用于合法交易，有的则沦为传销、洗钱、诈骗等违法犯罪的工具。面对如此境况，裁判者受到金融管制观念的影响，容易采取一刀切的方式，简单否定数字货币交易的法律效力；即使在认定数字货币交易有效的情形下，有时也难以发现当事人的请求权基础。数字货币是数字化时代的新生事物，我国目前缺少规范数字货币及其交易的高位阶法律。国家关注到数字货币的广阔发展前途，又担忧数字货币及其交易隐含的风险,因而采取较为谨慎的监管态度,这在一定程度上牵制了我国法定数字货币的研究和推广。

由民间数字货币引发的财产损害纠纷,大致可以分为三种类型:一是用民间数字货币作为交易的支付手段,因交易纠纷导致一方诉请返还数字货币或等额法定货币;二是数字货币交易平台受到黑客攻击等原因,导致持有者账户中的数字货币被盗取;三是数字货币持有者的数字密钥丢失或被篡改,这意味着持有者对这些数字货币永远失去访问权限,从而在客观上丧失了对这些数字货币的支配地位。目前,我国法学界尚无针对数字货币的统一认识,无论是司法审判者还是法学者,对此均莫衷一是。关于数字货币的法律性质,多数学说仍"具有无法逾越的理论困局和现实障碍"[①]。我国法学者有意无意地回避对数字货币进行法学理论分析,转而较多地借用经济学、货币银行学等学科理论对其进行较为笼统模糊的解释,甚至直接将某种经济学理论作为界定数字货币法律属性的标准。例如,有学者将比特币等民间数字货币混同于央行发行的法定数字货币,认为无论数字货币是否被法定,它均可被视为一种新形态的货币(或准货币)[②];也有学者依据数字货币的不同经济功能,将其进一步分为"升值币和稳定币"或"通用币与承用币"[③]。

需要注意的是,经济学与法学的研究路径大相径庭,经济学关注数字货币的经济功能且建立在一定的假设前提之上,这

[①] 杨延超. 论数字货币的法律属性. 中国社会科学, 2020 (1).
[②] 杨延超. 论数字货币的法律属性. 中国社会科学, 2020 (1).
[③] 齐爱民, 张哲. 论数字货币的概念与法律性质. 法律科学, 2021 (2).

决定了经济学概念的先天模糊性；然而，法学突出规范研究和价值判断，概念界定往往与法律适用密不可分，并影响到司法裁判结果的公平、公正，法学概念应当是明确且稳定的。法学研究若过度依赖经济学分析路径，则将难以澄清数字货币的法律性质，大概率会出现逻辑不洽之困境，最终无法为有关法律纠纷提供切实可行的裁判依据。所以，有必要从数字货币的差异化解释入手，这样可以厘清交易当事人之间的法律关系及请求权基础，将数字货币回归至实定法框架内予以系统分析。在上述基础上，构建符合法学分析范式的数字货币分析框架，夯实数字货币纠纷案件的裁判依据，合理解决民间数字货币的法律纠纷，树立法定数字货币的权威性。

二、揭开面纱：数字货币是货币吗？

目前，针对数字货币（crypto currency 或 virtual currency，digital currency）尚无统一定义。国际清算银行（BIS）将数字货币定义为"价值的数字表现形式"，通过数据交换可以发挥交易、流通、记账单位及价值储存的功能。[1] 国际货币基金组织（IMF）也曾指出，数字货币基于电子形式获取，从而可以实现存储和交易等多种用途。[2]

---

[1] Morten Bech, Rodney Garratt. Central Bank Cryptocurrencies. BIS Quarterly Review, 2017.

[2] Tobias Adrian, Tommaso Mancini-Griffoli. The Rise of Digital Money. International Monetary Fund Publication Services, 2019: 1.

一般而言，数字货币具有三个基本特征：第一，从表彰形式的角度看，数字货币通常基于计算机技术等非实体载体并存储于虚拟空间，不以物理介质作为其价值表彰；第二，从应用场景的角度看，数字货币大多是基于区块链及智能合约而运用、交易及维护的；第三，从发行主体的角度看，数字货币可分为中央银行数字货币（法定数字货币）和非法定数字货币（民间数字货币），前者由央行发行并提供国家信用背书，具有主权性和法偿性，后者则由民间机构发行，甚至可能没有明确的发行机构，仅在部分环境下的私人之间被认可。

（一）数字货币是法律意义上的货币吗？

数字货币是法律意义上的货币吗？经济学所称的"货币"与法学中的"货币"是否意指同物？这是应当首先予以澄清的问题。若法学与经济学的"货币"概念范畴不一致，套用经济学理论论证法学问题，极易出现逻辑不洽的尴尬。目前，我国法学界对数字货币的研究，采取了"准货币"[1]、"广义货币"[2]等经济学术语对"数字货币"进行概念界定。部分学者虽然试图寻找数字货币与法定货币的区别，但仍倾向于这样一种结论：无论是否被法定，数字货币终究都是一种货币。有学者甚至认为，"随着互联网金融的发展，传统货币法理论正受到挑

---

[1] 经济学所指的准货币（quasi-money），亦称"准通货"，指的是可随时兑换成货币但不能直接用于支付的银行定期存款和政府债券。

[2] 广义货币（broad money）是一个经济学概念，和狭义货币相对应，是货币供给的一种形式或口径，以 M2 来表示，其计算方法是交易货币（M1，即社会流通货币总量加上活期存款）加上定期存款与储蓄存款。由于历史原因，在不同国家，其统计口径及表示方法有所不同。

第六章 元宇宙中的经济系统：数字货币受法律保护吗？

战，法律意义上的货币与经济学上的货币界限逐渐模糊，呈现出趋同性"[1]。此类观点或多或少地受到西方经济学，尤其是古典经济学的影响，侧重强调货币是一种"以物易物"语境中的"交换媒介"。亚当·斯密认为，货币是为了克服交换的不灵敏而产生的[2]；亚里士多德指出，"一地的居民有所依赖于别处居民的货物，人们于是从别处输入本地所缺的货物，为抵偿这些输入，他们也得输出自己多余的产品：于是［作为中间媒介的］'钱币'就应运而生了"[3]。就此而言，数字货币确实具有部分交换媒介的属性。以比特币为例，其作为支付手段的前提是交易双方均承认比特币。不过，比特币常被用于黑市交易，这已令各国政府开始警惕。[4] 例如，"丝绸之路"（Silk Road）是一家黑市购物网站，秘密交易毒品、假文件及枪支等，该平台指定比特币是唯一的支付手段，比特币遂成为非法商品和服务、敲诈勒索等违法交易的支付方式。所以，法定货币承载着法律监管的职责，若仅以"交换媒介"作为判断货币的依据，极易忽视非法定货币规避监管、沦为违法交易支付工具的现实问题。

若不加区分地将数字货币全部视为货币，会混淆法学与经

---

[1] 赵天书. 比特币法律属性探析：从广义货币法的角度. 中国政法大学学报，2017（5）.

[2] 亚当·斯密. 国民财富的性质和原因的研究：上卷. 郭大力，王亚南，译. 北京：商务印书馆，1972：20.

[3] 亚里士多德. 政治学. 吴寿彭，译. 北京：商务印书馆，1965：26.

[4] Vrajlal Sapovadia. Legal Issues in Cryptocurrency//David Lee Kuo Chuen. Handbook of Digital Currency. ［S.l.］：Elsevier Academic Press，2015：254.

济学的不同研究功能，尤其是会忽视古典经济学理论的时代局限性。货币虽然起源于商品经济，却与商品存在本质区别。从历史发展来看，凡存在商品生产和商品交换的社会，就必然存在着货币，商品经济的存在和发展是货币存在的基础。到了19世纪40年代，商品生产达到历史最高水平，西方主要国家的资本主义市场已经高度发达，马克思的货币理论突破了旧时古典经济学理论，形成了全新的、科学的新货币理论。与古典经济学不同，马克思的货币理论不再纠结于"交换媒介"，而转向探究货币之本质，认为货币是交换过程的一般等价物。[1]换言之，随着商品经济的发展，货币成为一种从商品中逐渐分离出来的特殊物，该观点首次正面回应了货币与商品的联系及区别。马克思曾专门指出，应当"指明这种货币形式的起源，就是说，探讨商品价值关系中包含的价值表现，怎样从最简单的最不显眼的样子一直发展到炫目的货币形式。这样，货币的谜就会随着消失"[2]。一种商品的价值无法通过商品自身予以表达，唯有通过与另一商品的比较并交换才能得以表彰，该价值表彰功能一般被称为"价值形态"。例如，当黄金被赋予价值表彰的功能时，黄金就从商品群中被分离出来，用以表彰一切商品的价值，如此才可称其为货币。[3]

在现代社会，货币是严格依据法律规定发行并被依法承认

---

[1] 马克思，恩格斯. 马克思恩格斯全集：第23卷. 北京：人民出版社，1972：108.

[2] 马克思，恩格斯. 马克思恩格斯全集：第23卷. 北京：人民出版社，1972：61.

[3] 刘金章，刘凤林. 货币. 哈尔滨：黑龙江人民出版社，1984：3.

的。根据《中华人民共和国人民银行法》，我国的法定货币是人民币，包括纸币和辅币，任何单位和个人不得印制、发售代币票券，以代替人民币在市场上流通。货币具有法律特别赋予的权利内容。纸币原本只是几无价值的纸张，但因法律赋予其表彰价值的功能，从而与一般纸张相区别，成为货币。比特币等民间数字货币实际上与商品交换并无太多关联，至多是一种特殊的虚拟商品，甚至只被看作一种记账方式，绝对无法成为表彰一切劳动价值的货币。就此而言，货币是一个经由法律拟制而生的概念，只有经由法定程序的货币，才可被称为法律意义上的货币。未经法定的各类民间数字货币，因不具有法律拟制性，自然不是真正的货币。

（二）数字货币的学说梳评

随着区块链技术的迅速发展，以比特币为代表的民间数字货币受到广泛关注。相应地，民间数字货币的法律性质为何，遂成为法学界争论不休的话题。对此，大致可以归纳为四种观点：商品说、数据说、虚拟财产说及（准）货币说。不同的法律性质，意味着可能截然不同的法律适用及裁判路径。

1. 商品说

在中国的政策文件中，多将比特币等民间数字货币视为一种虚拟商品。中国人民银行等五部委于 2013 年 12 月 3 日发布的《关于防范比特币风险的通知》（银发〔2013〕289 号），是中国政府部门首次针对民间数字货币发布的规范性文件。该通知明确了比特币的性质，将其定义为一种虚拟商品，认为比特币不具有与货币等同的法律地位，不能且不应作为货币在市场上流通使用。① 与中国政策文件的态度类似，美国商品期货交易委员会（CFTC）认为，比特币和莱特币等数字货币属于"商品"②。因此，比特币等民间数字货币由相应商品管理机构负责监管。目前全世界有23个国家及地区将比特币定义为商品。③

中国部分学者也秉持商品说的观点。譬如，有学者认为，数字货币作为一种虚拟商品，具有拟制为"物"的可能性。④ 又或认为，比特币使用群落有限，在一定范围内具有交换支付手段功能，相当于代金券或者商城购物卡，其商品属性大于货币属性，是一种特殊商品。⑤

商品是来源于经济学的概念，马克思认为，"商品首先是一个外界的对象，一个靠自己的属性来满足人的某种需要的物"⑥。将民间数字货币视为商品，本质上是认为民间数字货币是物或可以拟制为物，可以运用现有物权法进行规制。物不

---

① 《关于防范比特币风险的通知》指出："比特币具有没有集中发行方、总量有限、使用不受地域限制和匿名性等四个主要特点。虽然比特币被称为'货币'，但由于其不是由货币当局发行，不具有法偿性与强制性等货币属性，并不是真正意义的货币。从性质上看，比特币应当是一种特定的虚拟商品，不具有与货币等同的法律地位，不能且不应作为货币在市场上流通使用。"

② Commodity Futures Trading Commission. CFTC Docket NO. 19-02（Oct 29, 2018）. [2022-11-03]. https://www.cftc.gov/sites/default/files/2018-10/enfjosephkimorder102918.pdf.

③ 刘壮，袁磊. 比特币研究新进展：属性、乱象与监管. 金融与经济，2019（9）.

④ 王谨. 数字货币的商法性研究. 法学杂志，2020（12）.

⑤ 贾丽平. 比特币的理论、实践与影响. 国际金融研究，2013（12）.

⑥ 马克思. 资本论：第1卷. 2版. 北京：人民出版社，2004：47.

是法律领域本有的概念，它取材于日常生活，属于与法律相关的重要概念。① 目前，物缺乏完整精确的定义。大陆法系的传统民法理论支持有体物说。《德国民法典》第 90 条规定："本法所称的物为有体物。"《日本民法典》第 85 条也有相同的规定。2014 年 2 月，在日本最大的数字货币交易所 MT. Gox 破产案中，法院依据传统民法理论，否认了比特币可以作为日本民法上所有权客体的"物"的可能性。② 有体物说诞生于一百余年前的传统工业社会，随着科技的发展，网络产品、虚拟财产、人工智能等新产物不断出现，使得有体物说不能满足当前的法律需要。物的范围从有体物逐步扩展到无体物。我国《民法典》在编纂过程中回避了物的定义，委婉拒绝了《德国民法典》之"物"的方式。③ 最终《民法典》将物的概念规定为："物包括不动产和动产。法律规定权利作为物权客体的，依照其规定。"我国始终坚持物权法定原则，对物的概念规定较为慎重。而民间数字货币的法律性质尚未定论，自然难以使用现有的物权对其进行规制。

2. 数据说

数据说主要受日本司法的影响，认为民间数字货币是一种电子数据、电磁记录或计算机代码。日本政府曾发布《关于应对以比特币为首的价值记录的中间报告》，其中将数字货币统

---

① 卡尔·拉伦茨. 法学方法论. 陈爱娥，译. 北京：商务印书馆，2003：316.
② 赵磊. 数字货币的私法意义：从东京地方裁判所 2014 年（ワ）第 33320 号判决谈起. 北京理工大学学报（社会科学版），2020（6）.
③ 孟勤国. 物的定义与《物权编》. 法学评论，2019（3）.

一界定为"价值记录",即拥有价值的电磁记录。日本法院在 MT. Gox 破产债权审定异议案中也承认比特币是一种"电磁记录",并据此认为,该电磁记录(比特币)持有者所享权利被称为币式债权。有中国学者基于日本法院的判决及实践,认为数字货币是一种电磁记录。具体来说,数字货币是随着计算机技术的进步和互联网通信技术的发展,依托加密算法出现的一种新型数据,其本质属性是一种电磁记录,该电磁记录(数据)可随电子计算机系统实现价值转移和流通,具备了财产权的私法性质。[1]

另外,在中国刑事司法审判中,由于目前数字货币的法律性质模糊,有关数字货币的犯罪难以依据财产犯罪的相关法律进行裁判,因此数据说也成为刑事审判中的主流观点。多数法院将数字货币认定为一种计算机信息系统数据,相关犯罪以非法获取计算机信息系统数据罪、非法控制计算机信息系统罪定罪量刑。在"威科先行"法律数据库中,以"比特币""非法获取计算机信息系统数据"为关键词进行搜索可以发现,涉及比特币的刑事类案均是犯罪嫌疑人通过入侵网站[2]、破解密码[3]、诈骗[4]等手段侵犯被害人财产。但是,将民间数字货币视为数据,以非法获取计算机信息系统数据罪定罪量刑,会忽视民间数字货币的财产属性,不仅造成了同案不同判、量刑畸

---

[1] 罗勇.论数字货币的私法性质:以日本 Bitcoin. Cafe 数字货币交易所破产案为中心.重庆大学学报(社会科学版),2020(2).

[2] 参见辽宁省阜新蒙古族自治县人民法院刑事判决书(2019)辽 0921 刑初 120 号。

[3] 参见河南省南阳市中级人民法院刑事裁定书(2018)豫 13 刑终 1203 号。

[4] 参见浙江省温州市中级人民法院刑事裁定书(2019)浙 03 刑终 1117 号。

轻的后果，而且制造了巨大的司法套利空间。

3. 虚拟财产说

2021年1月1日起实施的《民法典》第127条，是中国首次针对虚拟财产作出的法律规定。虚拟财产是指在网络环境下，模拟现实事物，以数字化形式存在的、既相对独立又具排他性的信息资源。① 若民间数字货币的法律纠纷不涉及破坏金融秩序与违反公共利益的情形，应当认可并保护当事人的财产权利。不过，问题在于，民间数字货币是否属于《民法典》中所规定的虚拟财产？目前，《民法典》也仅对虚拟财产作了宣示性规定："法律对数据、网络虚拟财产的保护有规定的，依照其规定。"这虽为之后的法律发展保留了实施空间，但没有具体界定虚拟财产的性质与概念，也尚未对虚拟财产的具体规制和监管部门作出规定。

有学者认为，民间数字货币是存在于区块链网络中，能够为人所控制并满足人们的生产和生活需要的虚拟财产。② 将民间数字货币视作虚拟财产，有利于对个人财产权进行保护。目前，中国部分法院认可民间数字货币具有财产属性，将其视作一种"虚拟财产"。譬如，在闫某东等与李某艳等财产损害赔偿纠纷二审案中，上海市第一中级人民法院认为，"比特币属于网络虚拟财产，应受法律保护""比特币具有价值性、稀缺性、可支配性等特点，故其具备了权利客体的特征，符合虚拟

---

① 林旭霞. 虚拟财产权性质论. 中国法学，2009（1）.
② 齐爱民，张哲. 论数字货币的概念与法律性质. 法律科学，2021（2）.

财产的构成要件"①。不过，民间数字货币的主要应用场景还是金融投资领域。由于民间数字货币价格的高波动性，金融风险极强。在保护个人财产权的同时，必须确保民间数字货币的风险可控。民间数字货币虽然具有一定的财产价值，但是不同于普通的虚拟财产，其投资属性更强，必须考虑其金融属性和复杂的应用场景。

4. （准）货币说

货币说及准货币说，本质上都认可民间数字货币的货币属性，认为其目前已经成为一种货币或者在未来具有成为货币的可能性。有学者认为，在中国可以先确定民间数字货币准货币的法律地位，时机成熟时再确认其货币的法律地位。② 也有学者认为，"以比特币为主的数字货币只是具有货币的一部分职能"，"根据比特币、以太币等数字货币的特征分析，它是一种虚拟货币，具备财产属性，但不会替代法定货币，只是居于辅助地位的、具有理财性质的数字货币"③。甚至有学者认为，可以适当放宽对货币范畴的限制，从广义上讲，可以将比特币纳入货币的范畴。④

货币的主要职能包括交换媒介、价值储存与记账单位。民间数字货币无法履行全部货币职能，无法成为真正意义上的货币。以比特币为例，有学者认为比特币消费者交易量过

---

① 上海市第一中级人民法院民事判决书（2019）沪 01 民终 13689 号。
② 杨延超. 论数字货币的法律属性. 中国社会科学，2020（1）.
③ 赵莹. 数字货币激励性法律规制的逻辑与路径. 法商研究，2021（5）.
④ 王陈慧子，杨东. 从比特币定性看数字货币的价值维度. 学习与探索，2021（6）.

少，波动性也远远高于其他广泛使用的货币，同时面对黑客和盗窃的风险，因此，比特币更像一种投机性投资，而非一种货币。[1] 货币并非简单的一般等价物，其背后是整个货币政策和财政政策构成的体系。比特币等民间数字货币可以在一些场合充当支付工具或一般等价物进行交易，但是其固有缺陷无法使其发展为货币。菲利克斯·马汀指出："所有的货币都是信用，但并非所有的信用都是货币。"[2] 比特币等民间数字货币采用去中心化模式，其信用来自技术信任。但是，交易网站被黑客攻击的事件频频发生，数字货币的安全性难以保障。

将民间数字货币视为货币，存在法律适用困境。货币在民法中属于种类物而非普通财产，具有独特的法律制度设计。第一，货币作为种类物，在返还问题上奉行同等价值返还原则。目前，民间数字货币价格波动巨大，如果将比特币视为货币，返还相同数额的比特币则难以实现同等价值返还，违背公平原则。第二，货币作为种类物，个体之间几乎无差异，具有完全替代性和高度流通性，货币之债因此不存在履行不能问题。但是民间数字货币由于受到发行数量限制，以及发行者、政策监管等诸多因素影响，加之技术安全问题，履行不能问题尚未解决。

---

[1] David Yermack. Is Bitcoin a Real Currency?: An Economic Appraisal// David Lee Kuo Chuen. Handbook of Digital Currency. [S. l.]: Elsevier Academic Press, 2015: 31-43.

[2] 菲利克斯·马汀. 货币野史. 邓峰，译. 北京：中信出版社，2015: 25.

三、类型划分：法定数字货币与民间数字货币

数字货币能否成为真正的货币，关键在于其是否具有法律拟制性，据此，数字货币可以分为两种基本类型：一是法律拟制下的货币功能场景，数字货币经由法律拟制程序脱离了原始的商品属性，从而成为法律意义上的货币；二是无法律拟制下的金融商品交易场景，比特币、以太币等民间数字货币未经由法律拟制，因此不具有货币功能，但因其具有一定的资产证券化色彩，在交易结构上类似于金融商品。

作为最具代表性的民间数字货币，比特币最初由中本聪于 2008 年提出，是一种基于区块链共识机制的加密数字货币。在美国 HashFast 管理人诉 Marc Lowe 案（*HashFast Technologies LLC v. Marc A. Lowe*）中，原、被告双方的核心争议在于比特币究竟"是一种货币（currency），还是一种商品（commodity）"[1]。不同的法律性质，意味着不同的法律适用规则，这将直接影响到如何确权及损害赔偿等问题。需要注意的是，美国法上的商品概念包含部分金融商品与服务，根据《美国商品交易法（Commodity Exchange Act）》第 1 条 a 的规定，

---

[1] 该案案情大致如下：2013 年 9 月，Lowe 因为商业合作关系，收到比特币矿机制造商（HashFast）的 3 000 个比特币。2014 年 5 月，HashFast 的破产管理人（Trustee Mark Kasolas）向法院起诉 Lowe，认为双方的交易关系已不存在，要求其返还 3 000 个比特币。最终该案法官认为，比特币应当被视为一种商品。因受到退款纠纷影响，HashFast 已经进入非自愿破产程序。（赵磊. 论比特币的法律属性：从 HashFast 管理人诉 Marc Lowe 案谈起. 法学，2018（4）.）

商品概念范畴不仅包括一般意义上的货物和物品，亦包括"现在交易或未来交易的远期交割合约标的的一切服务、权利和收益"[①]。在上述案例中，若将比特币视为一种金融商品，那么被告应当返还本金及资产收益（约 100 万美元）；若将比特币视为货币，则意味着不承认比特币的资产增值，被告只需返还交付时的约 36 万美元即可。对此，原告指出，根据美国商品期货交易委员会的以往裁决，比特币应是一种商品。被告则认为，依据金融犯罪执法网络（FinCEN）的有关规定，比特币是一种货币，追偿应仅限定为转账时的美元价格。最终，裁判者支持了原告的诉讼请求，否认了比特币的货币属性，认为被告应当返还原告的财产（property）及资产利益（the benefit of the estate）。[②]

与美国立法不同的是，我国立法机关主要采用"法律关系"标准划分法律部门，极少从功能或商品角度作出划分。不过，两者实际上并不冲突。在上述案例中，法官格外关心"货币"与"商品"的区分，但这并不代表法律仅关注商品的物理形态，相反，法律可以从交易功能角度出发，针对各种数字货币作出类型化解释。实际上，无论从功能主义还是从货币发展史而言，目前市场中的数字货币大致可以归入两种基本类型，即"货币"或"金融商品"，并且不存在货币与商品并存的混合样态。

[①] 美国商品交易法. 中国证券监督管理委员会，组织编译. 北京：法律出版社，2013：5.

[②] See *HashFast Technologies LLC* v. *Marc A. Lowe*, United States Bankruptcy Court Northern District of California, Bankruptcy Case No. 14-30725DM.

寻找"理想"的基础货币（an "ideal" base money），一直是现代货币经济学者关注的焦点。[1] 相关经济学研究的起点通常是基于一个假设，即所有的基础货币都可以被分为两类："商品"货币和"法定"货币（"commodity" money and "fiat" money）。需要指出的是，经济学者虽然将两者都称为"货币"，但商品货币的本质是"商品"，其核心功能在于可交易性，"法定"货币才是法律意义上的货币。对此，亚当·斯密在《国富论》中也曾有过类似描述：当时不同的国家曾使用过不同的金属作为交易媒介，这些"有些粗糙的条块"没有任何戳印。[2] 这里所谓的"戳印"，便是货币"法律拟制"的原始形态。只有盖上象征国家公信力的"戳印"以后，贵金属才可被称为货币。古罗马人一直到塞维尔斯·图里尔斯（Servius Tullius）时代才开始铸币，此前他们并未使用过带有戳印的铜块。换言之，那些粗糙的金属条块，在当时已在一定程度上具备了货币的部分功能。为杜绝欺诈等恶习，也为便利交易，以刺激工商业发展，部分国家开始将金属选取若干定量，盖上了具有国家公信力的戳印，那些被称作铸币厂的政府机关就应运而生了。[3] 在真正的法定货币——盖"戳印"的铸币产生之前，虽然已经有了货币的雏形，但它仅是一种私人

---

[1] George Selgin. Synthetic Commodity Money. Journal of Financial Stability, 2015, 17: 92.

[2] 亚当·斯密. 国富论. 谢宗林, 李华夏, 译. 北京: 中央编译出版社, 2010: 24.

[3] 亚当·斯密. 国富论. 谢宗林, 李华夏, 译. 北京: 中央编译出版社, 2010: 24-25.

之间的交易媒介而已,不是真正意义上的货币。[1]

亨利·梅因曾解释说,每一种法律制度都需要某种措施来使它保持灵活,以协调法律和当前社会需要的关系,社会需求总是或多或少地先于法律,法律拟制是一种重要的社会关系协调手段。[2] 法律拟制可谓是迎合法律不喜欢改变之性格、协调社会关系的特别制度。[3] 实际上,真正具有法律拟制属性的货币概念体系从纸币时代开始。至此,法律拟制成为货币的核心法律属性。纸币的法律拟制主要指,依据国家法律,通过中央银行直接印制纸币,纸币同时具有物理属性,但其不过是货币价值的表彰载体。从近代的纸质货币,到当代的网络银行转账,再到如今的二维码支付,甚至区块链智能合约,无论支付手段如何变迁,无论货币的表彰载体如何变化,都无法改变货币的法律本质——法律拟制的价值表彰载体。

法律拟制,能满足社会改进的某种良好愿望,同时又不触犯当时始终存在的、对于变更和改变的厌恶感,在社会进步到一定阶段时,它们是克服法律严格性最有价值的权宜之策。[4] 法定数字货币并非"自然"的稀缺("natural" scarcity),而是被人为拟制的(be contrived)。[5] 因此,法定数字货币不适

---

[1] 亚当·斯密. 国富论. 谢宗林,李华夏,译. 北京:中央编译出版社,2010:24-25.
[2] 梅因. 古代法. 沈景一,译. 北京:商务印书馆,1959:16.
[3] 劳伦斯·M. 弗里德曼. 法律制度:从社会科学角度观察. 李琼英,林欣,译. 北京:中国政法大学出版社,1994:292-293.
[4] 梅因. 古代法. 沈景一,译. 北京:商务印书馆,1959:16.
[5] George Selgin. Synthetic Commodity Money. Journal of Financial Stability,2015,17:92.

用于竞争性供给安排（competitive provision）。① 相应地，唯经由法定程序拟制的数字货币，才会被赋予法律拟制的属性，从而彻底脱离原始的商品功能及交易场景，成为真正意义上的货币。民间数字货币，因其并不具有法律拟制性，自然无法被认可为一种法定货币。不过与一般意义上的商品相比较，民间数字货币的物理形态仅为一系列的电子数据，其内在使用价值的模糊导致难以对其进行客观公平的定价，也难以基于传统的市场供需关系定价机制对其进行价值判断。所以，民间数字货币即便是商品，也并非普通商品，而是一种类似金融商品的存在，对此将在后文中作详细分析。

中国人民银行等五部委发布的《关于防范比特币风险的通知》明确指出，比特币不是由货币当局发行，不具有法偿性、强制性等货币属性。民间数字货币不是货币，这一结论已经相对明朗，但其法律属性究竟是商品、虚拟财产抑或资产，尚未达成一致。有司法裁判将民间数字货币解释为"一种网络虚拟货币"，"从性质上看应当是一种特定的虚拟商品，不具有与货币等同的法律地位，不能且不应作为货币在市场上流通使用"，当事人"在自担风险的前提下拥有参与的自由"②。在上述 HashFast 管理人诉 Marc Lowe 案中，法官将比特币视为具有投资属性的金融商品，将比特币的溢价形容为"资产利益"。

主张数字货币商品说的观点认为，数字货币系一种商品。我国《关于防范比特币风险的通知》中也倾向于将数字货币界

---

① George Selgin. Synthetic Commodity Money. Journal of Financial Stability, 2015, 17: 92.

② 山东省商河县人民法院民事判决书（2015）商民初字第 1531 号。

定为商品。俄罗斯《数字货币资产法》也将数字货币定义为一种资产,同时将其与法定货币(卢布)相区分。需要承认,随着科技发展,民法中的物(商品)呈现出从有体物向无体物扩张的趋势,无体物"包括了有体物之外的具有经济功用的所有财产资源,不仅指向为法律明确承认的知识产权、债权等权利,还包括处于法律边缘的新型财产资源,不仅指向现实世界中的光、电等无形体能源、自然力,还包括虚拟世界中的虚拟财产"[1]。尽管物的外延在渐进扩张,但是法律财产的本质却始终被定格于它的经济价值,无使用价值之物因无法形成法律纠纷,故而完全无法律保护之必要。物权的权利架构更是以物的使用价值作为逻辑脉络展开的。按照萨维尼的观点,物权以占有或对物的事实支配为其材料。《德国民法典立法理由书》将物权性理解为人对物的直接力量,即对物的支配构成物权的标志。主体对于客体的支配也构成了物权区别于其他权利的特有属性。通过对物的支配,主体实现了自身的目的,客体完成了对主体需要的满足,在这一过程中,以物的使用价值为基础完成了所有权之占有、使用、收益、处分四项权能的架构设计。通过对物的使用价值的逻辑加工,所有权之外还产生出他物权制度,其中的用益物权实现了物的使用价值与所有者的剥离,担保物权又完成了物的使用价值与其经济价值的区分。总之,在物权体系架构中,物的使用价值始终处于权利构架的核心地位。数字货币商品说的困境就在于数字货币缺乏使用价值,这也使得数字货币在法律属性上与其他无体物存在本质区

---

[1] 常鹏翱. 民法中的物. 法学研究, 2008 (2).

别,更无法实现类物权式的权利体系建构。[1]

我国立法对"商品"的界定相对狭义,依据《消费者权益保护法》的有关规定,商品既不包括服务,也不包括金融商品,并且数字货币持有者是否属于消费者也存在法律解释上的困境。因此,难以将民间数字货币直接归入《消费者权益保护法》规定的"商品"中予以规范。部分学者提出,民间数字货币可以被视为一种"虚拟财产"。此类观点依据的是我国《民法典》第127条,即"法律对数据、网络虚拟财产的保护有规定,依照其规定"。该条虽然仅系一项授权性规范,不过仍然承认了虚拟财产作为民事权利客体的法律地位,在基本法层面对虚拟财产的财产权利给予了肯定。不过,目前民法上的虚拟财产,通常指的是游戏装备、网店、网络账号等,而且对于网络虚拟财产权究竟如何定性一直以来众说纷纭,存在着物权说、债权说、知识产权说、中间权利说和法益说等观点,均有明显不足,难以充当立法基础。[2] 对于现实中的虚拟财产纠纷,理论界往往沿袭传统民法的财产权制度进行探讨,倾向强调虚拟财产的"财产"性。[3] 尤其是,有的民法学者使用"实用价值+稀缺性=价值"的公式诠释物权客体,认为无使用价值便无法律保护之必要。[4] 民间数字货币的使用价值相对模糊,这主要是因为,民间数字货币的投融资属性远大于财产属性。笔者认为相较于财产说,民间数字货币更类似于一种针对

---

[1] 杨延超. 论数字货币的法律属性. 中国社会科学,2020(1).
[2] 孙山. 财产法的体系演进. 上海政法学院学报,2021(4).
[3] 梅夏英. 信息和数据概念区分的法律意义. 比较法研究,2020(6).
[4] 孙玉荣. 民法学. 北京:北京工业大学出版社,2014:210.

财产权利的证券化安排，是对区块链交易系统的收益和风险进行等额配置的一种金融商品交易结构。民间数字货币的表彰载体系一组电子数据，但数据并非其价值所在，其真正价值是该载体所表彰的财产权利，这也是为何美国证监会（SEC）曾采用"电子资产证券"（digital asset securities）来描述民间数字货币。[1]

有学者认为："在数字货币去中心化特质并不要求发行人作为法律义务人之角色，在发行人缺失的语境下亦不存在与发行人或者任何第三人之间债之相对关系，这使得数字货币之证券说在适用债权说、综合权利说等学说时存在根本的理论障碍。如果套用证券权利物权说解释数字货币，则需要找到作为证券权利对象的特定之物，然而，在数字货币的语境下，这种特定之物又完全不存在。"[2] 该观点实乃对数字货币交易结构的认识不清晰所致。民间数字货币通常总量恒定，并通过算力强大的"挖矿机"获取，这大致可以理解为民间数字货币的一级发行市场。在这一过程中，"挖掘"数字货币本身不需要成本，但是"挖矿机"成本高昂。本质上，民间数字货币并无真实价值，其价值在于区块链技术及"挖矿机"等计算机设备，而后者可以理解为与民间数字货币挂钩的基础资产。与一级市场不同的是，在数字货币的二级买卖市场中，一枚数字货币可

---

[1] Division of Trading and Markets, U. S. Securities and Exchange Commission. Joint Staff Statement on Broker-Dealer Custody of Digital Asset Securities. [2020 - 09 - 26]. https：//www.sec.gov/news/public-statement/joint-staff-statement-broker-dealer-custody-digital-asset-securities.

[2] 杨延超. 论数字货币的法律属性. 中国社会科学, 2020（1）.

以被拆分为十份,甚至一百份的份额进行交易,这在客观上形成了权利分层问题。虽然民间数字货币的持有链条不断延展,但实际上基础资产和数字货币总量都并未增加,"证券权益"却不断被分层处理,这必会使得基础资产价值虚假膨胀,这也是为何比特币疯狂暴涨或暴跌的原因。

以比特币为例,比特币并非由法定货币机构发行,不具有法律拟制性,而是依据特定的计算机算法产生的(俗称"挖矿")。基于密码学设计,比特币只能由持有者进行转账或支付,这在一定程度上确保了比特币的财产性权利。一方面,由于区块链算力等技术因素,比特币在客观上具有稀缺性(总量恒定为约 2 000 万枚),这决定了比特币是一种投资甚至投机工具,这也是炒币者热衷于此的核心驱动力;另一方面,区块链客户端未设置赚取比特币的功能,比特币的获取只能通过专业且昂贵的高性能计算机(俗称"挖矿机"),其是一种用于赚取数字货币的计算机,此类设备具有专业的"挖矿"芯片,多采用安装大量显卡的方式工作,耗电量极大。计算机下载挖矿软件后运行特定算法,与远方服务器通信后可得到数字货币。换言之,比特币的价值并不体现在其物理属性上,比特币也并非如法定货币般具有法律拟制的价值衡量功能,其价值因比特币的稀缺及获取设备价格高昂所致。另外,"矿工"们在挖矿过程中会得到两种类型的经济奖励,即创建新区块的新币奖励以及区块中所含交易的交易费。上述特征在一定程度上与资产证券化相吻合。实际上,市场中不少资产证券化类金融商品从未使用"资产证券化"这一措辞,有学者将此类金融商品称为

"准资产证券化"①。民间数字货币正是一种区块链技术推动下的资产证券化新型模式。区块链是实现资产数字化的重要技术，而资产数字化是相对资产证券化的一种新形态金融创新。"证券化"将基础资产的未来现金流打包，将复杂的基础资产转化为标准化的、等额分割的投资凭证，以此发行资产支持证券。就此而言，民间数字货币实际上是一种"准资产证券化"金融商品，在区块链上对其进行登记，并可以点对点进行交易与结算。相应地，民间数字货币的法律适用，既需要考虑《民法典》及其他部门法中有关财产的法律规定，也需要基于《银行法》《证券法》等涉及资产证券化的有关立法予以综合考察。

四、法定数字货币：法定货币的数字化

央行数字货币是中心化发行的数字化法定货币。中国人民银行的数字货币，据披露是将加密数字现钞（DC/EP）记载在央行中心化的账本中。其优点是发行成本低，可以无网络支付、匿名支付。但必要时，可以对数字人民币进行跟踪，因而更有利于反洗钱、反恐怖融资。央行数字货币不会改变货币政策的实施方式和机制，只是顺应数字经济发展的技术探索。

（一）法律拟制下的货币场景

法定数字货币主要由中央银行或其授权的商业银行发行，

---

① 楼建波. 金融商法的逻辑：现代金融交易对商法的冲击与改造. 北京：中国法制出版社，2017：292.

通常依托于区块链技术并以数字化信息形式存在,因此,常被称为"央行数字货币"(Central Bank Crypto Currencies,CBCCs)。近年来,不少国家陆续开始了法定数字货币的探索与实践,2015年英国央行提出了数字英镑计划。国际清算银行、国际货币基金组织也陆续开展了针对央行数字货币的研究,鼓励各国央行研究发行法定数字货币。根据国际清算银行的研究报告,央行数字货币是以一种点对点的、去中心化的方式进行交换。据此,央行数字货币的流通模式可以被细分为两类:一是作为普通人持有的、广泛应用的支付工具;二是用于银行之间或银行与其他机构之间的大额转账。[①]

法律拟制可谓是立法技术简单化的一种方法。[②] 法定数字货币的法律拟制,是在计算机环境下的一种新型拟制方式,其表彰形式虽然发生了变化,但并不影响货币的法律拟制本质。法定数字货币如纸币一样,同属法定货币,具有主权信用背书的属性。[③] 因具有无限法偿性,任何人不能拒绝接受法定数字货币。这些均是法律拟制下的货币独有的性质。所以,应当严格区分法定数字货币与民间数字货币,法定数字货币已经变成商品价值的表彰与计量工具,其价值基础是以国家信用为背书的,并非取决于其物理形态。

在法律拟制下,法定数字货币不仅拥有法偿性,亦适用

[①] Morten Bech, Rodney Garratt. Central Bank Cryptocurrencies. BIS Quarterly Review, 2017: 56.

[②] 莱奥·罗森贝克. 证明责任论. 庄敬华, 译. 北京: 中国法制出版社, 2002: 220.

[③] 袁曾. 法定数字货币的法律地位、作用与监管. 东方法学, 2021 (3).

"占有即所有"的货币所有权流转规则,即法定数字货币不存在所有权与使用权分离的可能性。例如,在借贷关系中,债务人仅需归还相应数额的法定数字货币即可,而无须归还原物。相应地,正因法定数字货币的法律拟制性,它才可以成为直接用于商品交换或支付的法定手段,由此形成与民法上一般物的不同之处,法定数字货币持有人仅享有对货币的所有权。[①] 法定数字货币作为特殊的物,它是以虚拟的电子数据形态予以表彰的价值载体。凡占有货币者,不分合法、非法,均取得货币所有权;凡丧失对货币的占有,不论是否自愿,均丧失货币所有权;将货币借贷他人或委托他人保管,由借用人或保管人取得货币所有权;货币被盗或遗失,由盗窃者或拾得人取得货币所有权;"骗钱还债",由接受清偿的债权人取得货币所有权。[②] 无论是纸张还是电子数据作为价值表彰载体,都不会影响人们对货币的基本认知。

法定数字货币的表彰载体虚拟化,其流通方式也极为特殊。数字货币所搭载的区块链智能合约,系由当事人之间所形成的共识机制实现了对当事人身份的识别,促成了交易难以逆转的自动执行,并在事实上排除了当事人的合同撤销权,成为跨越合同订立、合同履行两个领域的新型交易机制。[③] 简言

[①] 关于对货币享有的权利究竟是所有权抑或是债权,在学术界存有不同观点。笔者认为,如果考虑国家作为发钞人的因素,对货币的权利的确含有债之特点。不过,由于国家并不真正介入当事人的交易关系,且当事人视国家货币为当然的存在和交易的前提,因此,它更适合被当作物的存在,因而出现了货币所有权的概念。

[②] 梁慧星. 中国物权法研究:上. 北京:法律出版社,1998:547.

[③] 吴烨. 论智能合约的私法构造. 法学家,2020(2).

之,"一手交钱,一手交货"在区块链中同时实施并难以逆转。所以,在区块链世界中,数字货币的给付与智能合约的达成合二为一。合同履行的障碍、合同的变更和转让在现实生活中可能随时发生,但在区块链智能合约中却可能都不会发生,这显然对数字货币的给付会产生一定影响。一方面,从数字货币的受领方角度来看,区块链智能合约体系可以大幅降低交易对手方的违约风险,不存在交易对手方赖账等信用问题,甚至无须考虑对手方的信用风险;但另一方面,从数字货币的给付方角度来看,却可能加剧交易风险,因为区块链只能保证自动执行,但无法确保执行标的是否真正符合约定。就此而言,数字货币不仅是货币的一种新样态,更会对传统合同法框架形成一定的冲击与挑战。

(二) 法定数字货币发行权之争

在不到十年间,比特币已家喻户晓,它从一枚几美分发展到一枚超过四千美元。与此同时,数百种民间数字货币应运而生。[1] 比特币可以用于购买网络上的虚拟商品,包括网络游戏中的装备等,但若不兑换为相应的法定货币,它基本无法购买现实中的物品。人们对比特币的价值判断,是基于比特币与法定货币之间的交换比值,因为比特币并不是一种价值衡量尺度。比特币的价格取决于法定货币对其的定价,比特币与真正意义上的货币存在本质区别,与法定货币更是不可同日而语。

---

[1] Morten Bech, Rodney Garratt. Central Bank Cryptocurrencies. BIS Quarterly Review, 2017: 55.

第六章 元宇宙中的经济系统：数字货币受法律保护吗？

　　法定货币作为一种特殊的物，其价值并非体现在具体的表彰载体上，而是一种法律赋予的价值符号。由于法定货币本身的法定性和拟制性，它始终与国家承认相衔接，所以法定货币在一定程度上具有国家统治的色彩。[①] 货币从一般商品中分离出来，是充当一般等价物的特殊物。经济学将货币的功能描述为价值尺度、流通手段、支付手段和储藏手段。[②] 其中价值尺度就是价格标准，故价值尺度是衡量货币的重要标志之一。货币的价值不是实实在在的商品价值，而仅是法律赋予的一种价值衡量尺度。在金本位的货币制度中，这种价值符号虽与黄金储备量挂钩，但并非全由黄金所决定，在某种程度上，货币甚至更像是一个国家的信用背书。

　　目前，关于数字货币是否及因何要"法定"的争论，根本上是数字货币发行权的归属之争。民间数字货币立基于区块链分布式共识机制（distributed consensus），该制度打破了传统货币发行的中心化格局，试图摆脱政府或银行等机构来发行货币，完全依赖于人们私下或公开的承诺，人们共同维持、共享记录所有的交易、合约及投票结果。[③] 该项科技创新实则是一场摆脱政府垄断货币发行权的运动。究竟谁才真正拥有数字货币的发行权？民间机构能否成为数字货币的发行主体？诚然，政府垄断货币发行权的制度存在不少问题，如哈耶克所言，

---

　　① 徐辉. 现代货币效用论. 上海：上海财经大学出版社，2013：74.
　　② A. M. 鲁缅采夫. 政治经济学：上册. 刘家辉，等译. 北京：高等教育出版社，1985：73.
　　③ 亚当·格林菲尔德. 区块链　人工智能　数字货币：黑科技让生活更美好?. 张文平，苑东明，译. 北京：电子工业出版社，2018：149.

"政府对货币的垄断发行,正是造成币值不稳定的根本原因"①。若政府滥用或不当使用货币发行权,极易导致通货膨胀、货币动荡等问题滋生,随之而来的是流动性过剩、物价飞速上涨及失业人口激增等社会问题暴发。正是在该背景下,民间数字货币应运而生并迅速发展。

有观点认为,中央政府垄断数字货币发行会存在诸多不妥,此类论断大多出于对金融危机通货膨胀之忧虑。不过,政府作为货币的发行主体,早已是全社会的共识,中央政府对数字货币发行的权威性不可动摇。而当今的民间数字货币基本都是由商事主体研发并运营的。商事主体具有营利性,必然导致此类数字货币朝向追求利润的商品化方向发展,这在客观上决定了其无法实现货币功能。所以,数字货币的发行最终必须回归至政府发行的基本立场,这也意味着唯有法定数字货币才是真正的货币。

法定数字货币的法律拟制性,意味着政府拥有对货币发行的绝对地位。各国政府及立法对民间数字货币的态度有所不同,但尚无一国立法将其界定为"法定货币",这佐证了民间数字货币并非货币的基本法律立场。例如,德国财政部在相关报告中指出,比特币等民间数字货币是一种私人支付手段(a private means of payment),并对其征收增值税,该类数字货币不具有内在价值(have no intrinsic value),它们的相对匿名

---

① 潘琼林. 当代西方经济学说评介. 长沙:湖南师范大学出版社,1992:123.

性，意味着它们可能被滥用于犯罪和恐怖主义目的。[①] 与民间数字货币不同的是，目前各国央行正在探索的法定数字货币（或曰央行数字货币），因其架构中搭载的智能合约和区块链体系，可以针对数字货币的交易展开定向追踪与记录，能够有效地预防与掌控反洗钱等违法活动。这主要是由于基于区块链智能合约的数字货币的两大特点：第一是分布式账户管理，这可以确保数字货币不受单一实体的控制；第二是安全加密的共识机制，这可以保障资金账户安全。借助这些特点，法定数字货币可以提高央行公开市场操作和调节利率的权力，增强对货币市场和金融市场的控制权，也可以起到预防与缓解金融危机的作用。

五、民间数字货币：比特币是受法律保护的财产吗？

2020年7月22日，最高人民法院、国家发展和改革委员会联合印发《关于为新时代加快完善社会主义市场经济体制提供司法服务和保障的意见》，明确提出"加强对数字货币、网络虚拟财产、数据等新型权益的保护，充分发挥司法裁判对产

[①] German Financial Stability Committee. Crypto Tokens and Distributed Ledger Technology—A Financial Market Perspective（5 July 2019 Financial Markets Report）. [2020 - 10 - 13]. https://www.bundesfinanzministerium.de/Content/EN/Standardartikel/Topics/Financial _ markets/Articles/2019 - 07 - 05-crypto-tokens.html.

权保护的价值引领作用"。这意味着，在新时代推进国家治理体系和治理能力现代化的背景下，金融监管政策和司法政策在价值判断上逐渐向数字货币保护倾斜。但加强对数字货币的保护，并不意味着承认数字货币的货币属性，也不等于完全放开数字货币交易。在加强数字货币权益保护的司法政策引导下，司法实践应当结合数字货币类型化方法，针对不同类型的数字货币是否给予保护及保护范围，作出不同性质和程度的判断，并随着类型化认识的成熟而逐渐形成明确的保护标准或者规则。

（一）有关比特币的常见问题

在回答"比特币是受法律保护的财产吗？"这一问题前，首先澄清以下几个常见问题：

第一，什么是比特币？比特币并非一种"币"，而是指一种点对点的分布式支付网络，没有中央机构或中间人，所以比特币是区块链的名称。

第二，谁创造了比特币？比特币概念于 2009 年由中本聪（Satoshi Nakamoto）在密码学邮件列表中发布，中本聪并非其本名。比特币协议和软件是公开的，世界各地的任何开发人员都可以审查代码或制作自己的比特币软件修改版本。就像其他的开发人员一样，中本聪只是创造了比特币并被其他人使用，而他也无法控制比特币。

第三，谁在控制着比特币网络？没有人真正拥有比特币区块链，就像没有人可以拥有电子邮件的技术一样。比特币由全球所有比特币用户控制。虽然开发人员正在改进软件，但他们不能强迫改变比特币协议，因为所有用户都可以自由选择他们使用的软件和版本。为了保持彼此兼容，所有用户都需要使用符合相同规则的软件。比特币只有在所有用户完全达成共识的情况下才能正常工作。因此，所有用户和开发人员都有强烈的动机来保护这种共识。

第四，比特币如何运作？从比特币用户的角度来看，比特币只不过是一个移动应用程序或计算机程序，它提供了一个个人比特币钱包，并允许用户发送和接收比特币。该分类账中包含曾经处理过的每笔交易，允许用户的计算机验证每笔交易的有效性。每笔交易的真实性都受到与发送地址相对应的数字签名的保护，允许所有用户完全控制从自己的比特币地址发送比特币。此外，任何人都可以使用专用硬件的计算机设备处理交易，并因这项服务获得比特币奖励。这通常被称为"采矿"。

第五，为什么人们信任比特币？对比特币的信赖来自这样一个事实，即它摆脱了人与人之间的信赖，比特币是完全开源和分散的。这意味着，任何人都可以随时访问源代码。因此，世界上任何开发人员都可以验证比特币的工作原理。所有交易和发行的比特币，都可以被任何人实时透明地查阅。所有付款都可以在不依赖第三方的情况下进行，并且整个系统都受到经过严格同行评审的加密算法的保护，例如用于在线银行的算法。没有组织或个人可以控制比特币，即使并非所有用户都可以信任，网络仍然是安全的。但是，挖掘比特币的矿机（一种计算机）十分昂贵，并非普通人可以承受。所以，目前比特币网络开始有了中心化色彩。

第六，比特币是完全虚拟的吗？比特币与人们每天使用的信用卡和网上银行网络一样虚拟。比特币可以用来在线支付和实体店支付,就像任何其他形式的货币一样。比特币也可以以物理形式交换,例如 Denarium 硬币,但用手机支付通常更方便。比特币余额存储在一个大型分布式网络中,任何人都不能欺诈性地更改它们。换句话说,比特币用户对其资金拥有独家控制权,比特币不会仅仅因为它们是虚拟的而消失。

第七,比特币是匿名的吗?比特币不是匿名的,不能提供与现金相同级别的隐私保护。比特币的使用,会留下大量的公共记录。

第八,当比特币丢失时会发生什么?当用户丢失钱包时,它具有将货币从流通中移除的效果。丢失的比特币,仍像任何其他比特币一样留在区块链中。然而,丢失的比特币永远处于休眠状态,因为任何人都无法找到使用它们的私钥。这也就在客观上造成了丢失的效果。

(二)民间数字货币的监管政策梳评

在中国的政策文件中,民间数字货币常常被表述为"虚拟货币"。中国的司法实践具有一定的"政策司法化"倾向,尤其是针对民间数字货币这种新兴事物,政策文件的态度往往会直接或间接地影响有关裁判。中国政府虽未明确民间数字货币的法律属性,却始终坚持民间数字货币并非真正意义上的货币这一基本立场,并采取日益严厉的监管措施。

1. 监管态度:从中立到否定的日益趋严

目前世界各国对数字货币的监管态度不一,大多数国家允许数字货币有限使用,仅有少数国家采取完全禁止或完全放任的态度。目前,中国是对数字货币监管态度最为严厉的国家之一。

中国对数字货币的监管经历了一个日益趋严的变化过程。2013年12月3日,中国人民银行等五部委联合发布了《关于防范比特币风险的通知》。该通知是中国政府第一次对民间数字货币作出的监管规定,在所有政策文件中,该通知对民间数字货币的监管最宽松。总体而言,该通知对民间数字货币持审慎的中立态度:一方面,认可了比特币的商品属性,"比特币应当是一种特定的虚拟商品",并认为比特币交易作为一种互联网上的商品买卖行为,普通民众在自担风险的前提下拥有参与的自由;另一方面,也强调了比特币不是货币这一基本立场,比特币"不是由货币当局发行,不具有法偿性与强制性等货币属性,并不是真正意义的货币"。另外,该通知对于比特币交易平台的监管也相对宽松,比特币互联网站仅需要依据《中华人民共和国电信条例》和《互联网信息服务管理办法》在电信管理机构备案即可,只有违法的比特币互联网站才会被关闭。

2013年《关于防范比特币风险的通知》发布后,中国政府一直通过多部委联合发布通知、公告等方式对数字货币进行监管。但是,随着比特币等民间数字货币交易活动规模迅速扩大、价格波动日益剧烈,民间数字货币类型与衍生品交易蓬勃发展,社会金融风险急剧增加。为此,中国人民银行等七部门于2017年发布了《关于防范代币发行融资风险的公告》,对数字货币衍生交易进行严厉打击。该公告认定代币发行融资为一种未经批准非法公开融资的行为，并且涉嫌非法发售代币票券、非法发行证券以及非法集资、金融诈骗、传销等违法犯罪活动。① 中国监管部门出于防范金融风险的需要，对数字货币衍生交易行为予以严格禁止，以防范风险进一步传导扩大，但是对数字货币本身的交易行为仍未禁止，给数字货币的交易与发展仍留有一定空间。

在上述监管态度下，中国的数字货币持有量不断增加，也给金融监管带来了巨大的挑战。涉数字货币纠纷案件数量不断增加，案件金额也屡创新高。随着交易人数的增加和交易规模的扩大，其中蕴含的金融风险也不断累积。加之中国内外环境的变化，防范金融风险已然成为当前的重要课题之一。自2019年起，各地区密集出台关于整治虚拟货币交易场所、清理挖矿企业、防范虚拟货币炒作风险的文件。从数字货币的获得环节到交易环节，均被纳入整顿范围，监管态度日趋严厉。

2021年9月15日，中国人民银行联合最高人民检察院、最高人民法院等多部门发布了《关于进一步防范和处置虚拟货币交易炒作风险的通知》，该通知是迄今最严格的监管文件。

---

① 《关于防范代币发行融资风险的公告》指出："代币发行融资是指融资主体通过代币的违规发售、流通，向投资者筹集比特币、以太币等所谓'虚拟货币'，本质上是一种未经批准非法公开融资的行为，涉嫌非法发售代币票券、非法发行证券以及非法集资、金融诈骗、传销等违法犯罪活动。有关部门将密切监测有关动态，加强与司法部门和地方政府的工作协同，按照现行工作机制，严格执法，坚决治理市场乱象。发现涉嫌犯罪问题，将移送司法机关。""代币发行融资中使用的代币或'虚拟货币'不由货币当局发行，不具有法偿性与强制性等货币属性，不具有与货币等同的法律地位，不能也不应作为货币在市场上流通使用。"

在该通知中，监管部门不仅重申虚拟货币不应且不能作为货币在市场上流通使用，而且对于虚拟货币业务活动与交易活动也作出了具体规定。通知明确指出，虚拟货币相关业务活动属于非法金融活动，此类活动一律严格禁止，坚决依法取缔，构成犯罪的将依法追究刑事责任。民间投资虚拟货币及衍生品的行为违背公序良俗的，相关民事法律行为无效，由此引发的损失也需自行承担；涉嫌破坏金融秩序、危害金融安全的，则由相关部门依法查处。

2. 监管范畴："特征描述＋典型列举"

民间数字货币是区块链金融中应用最广泛的部分，也是创新最活跃的领域，金融监管范畴也随之不断泛化。这主要包括两层内容：一方面是纳入监管的民间数字货币种类不断增加；另一方面是对相关衍生品、金融服务与挖矿活动进行监管。

中国监管部门对民间数字货币的界定采取特征描述和典型列举结合的方式。例如在《关于进一步防范和处置虚拟货币交易炒作风险的通知》中，监管部门表示："比特币、以太币、泰达币等虚拟货币具有非货币当局发行、使用加密技术及分布式账户或类似技术、以数字化形式存在等主要特点，不具有法偿性，不应且不能作为货币在市场上流通使用。"此外，监管部门会将市场占有率较高、对中国金融市场影响较大的数字货币以列举的方式在政策文件中显示，2013 年《关于防范比特币风险的通知》中，仅以比特币为监管对象。2017 年《关于防范代币发行融资风险的公告》中，监管对象包括比特币和以太币。2021 年《关于进一步防范和处置虚拟货币交易炒作风险的通知》中,监管范围则扩大到了泰达币。从传统的去中心化数字货币到新兴的中心化稳定币,越来越多的民间数字货币被纳入监管范围之中。

民间数字货币本身价格波动剧烈,金融风险极高,其衍生品则进一步放大了市场风险,严重扰乱经济金融秩序。因此,中国对民间数字货币的相关衍生品采取严厉打击态度。2017年,中国人民银行等七部门联合发布《关于防范代币发行融资风险的公告》,明确禁止首次代币发行融资活动,并且要求各金融机构和非银行支付机构不得开展与代币发行融资交易相关的业务,不得承保与代币和"虚拟货币"相关的保险业务或将代币和"虚拟货币"纳入保险责任范围。

民间数字货币相关金融服务一直以来都是监管的重点内容。从2013年《关于防范比特币风险的通知》开始,各金融机构与支付机构不得开展与比特币相关的业务[1]这一规定,始终没有发生变化。但是,随着数字货币市场的发展,互联网接入、信息服务、广告等周边业务也蓬勃发展,因此,在2021年十部门联合发布的《关于进一步防范和处置虚拟货币交易炒作风险的通知》中,与虚拟货币相关的互联网信息内容与接入、市场主体登记与广告管理等方面的服务都被禁止。

---

[1] 《关于防范比特币风险的通知》指出:"现阶段,各金融机构和支付机构不得以比特币为产品或服务定价,不得买卖或作为中央对手买卖比特币,不得承保与比特币相关的保险业务或将比特币纳入保险责任范围,不得直接或间接为客户提供其他与比特币相关的服务,包括:为客户提供比特币登记、交易、清算、结算等服务;接受比特币或以比特币作为支付结算工具;开展比特币与人民币及外币的兑换服务;开展比特币的储存、托管、抵押等业务;发行与比特币相关的金融产品;将比特币作为信托、基金等投资的投资标的等。"

3. 监管手段：多层次、多维度、跨部门的泛监管体系

纵观中国对民间数字货币监管的历史，随着监管部门对民间数字货币的了解逐步加深，监管工具也越来越丰富。最早在《关于防范比特币风险的通知》中，监管部门仅从金融机构业务活动和交易网站备案管理两个方面实施监管。2017年发布的《关于防范代币发行融资风险的公告》中，除上述两种监管手段外，还增加了"充分发挥行业组织的自律作用"，要求"各类金融行业组织应当做好政策解读，督促会员单位自觉抵制与代币发行融资交易及'虚拟货币'相关的非法金融活动，远离市场乱象，加强投资者教育，共同维护正常的金融秩序"。

2021年十部门联合发布的《关于进一步防范和处置虚拟货币交易炒作风险的通知》则达到了多部门联合监管与多样化手段融合的巅峰。本次通知联合发布的部门达到十个之多，从生产环节到交易环节，将民间数字货币的全产业链整体纳入监管范围之中。最高人民法院、最高人民检察院首次参与监管，打通了民间数字货币的监管与司法两个体系，综合运用行政手段和司法手段对民间数字货币进行规制。本次通知不仅要求境内部门协同联动，还进一步考虑境外交易所为境内居民提供服务的情形，清除监管套利空间。风险防范体系也更加多维，除金融服务之外，与虚拟货币相关的互联网信息内容与接入、市场主体登记与广告管理等市场活动也受到相应监管。通过多部门联合协作，强化属地管理落实，全过程监管控制，将多重监管手段结合，以形成一个多层次、多维度、跨部门的泛监管

（三）比特币纠纷的司法裁判路径

2014年，世界最大数字货币交易所"Bitcoin. Cafe"突然破产，理论界开始关注数字货币持有人的权利保护问题。[①] 近年来，有关民间数字货币的确权纠纷频发，这亦困扰着我国的司法审判工作。在前述美国 HashFast 管理人诉 Marc Lowe 案中，纠纷背后是比特币的请求权基础究竟为何，是物权请求权、债权请求权抑或其他？请求权在私法救济体系中居于枢纽地位，常表现为原告请求被告为或不为一定的行为。[②] 法官裁判民事纠纷，本质上是寻找请求权基础的规范。一个典型的请求权公式是："谁得向谁，依据何种法律规范，主张何种权利？"[③] 民间数字货币法律纠纷的法律适用及司法裁判，首先需要厘清隐藏于交易结构中的权利构造，在此基础上夯实原告的请求权基础。

民间数字货币没有第三方介入，可以直接（点对点）进行交易，买卖双方的身份也是加密信息，完整的交易记录都会被保存在区块链系统中。[④] 与其说民间数字货币交易具有匿名

[①] 罗勇. 论数字货币的私法性质：以日本 Bitcoin. Cafe 数字货币交易所破产案为中心. 重庆大学学报（社会科学版），2020（2）.

[②] 吴香香. 民法典编纂中请求权基础的体系化. 云南社会科学，2019（5）.

[③] 王泽鉴. 民法思维：请求权基础理论体系. 北京：北京大学出版社，2009：41.

[④] Vrajlal Sapovadia. Legal Issues in Cryptocurrency//David Lee Kuo Chuen. Handbook of Digital Currency. ［S. l.］: Elsevier Academic Press, 2015: 254.

性，莫如说其交易信息查证过于困难。民间数字货币是一种"准资产证券化"金融商品，资产证券化通常会涉及破产隔离、资产真实出售等法律要求，而民间数字货币不仅交易者具有匿名性，有时甚至连发行机构都不明朗，这在无形中增加了交易的不确定性和风险。不过，民间数字货币作为一种证券化安排，意味着必须以一定的基础资产或现金流作为偿付支持，这也构成了民间数字货币债权请求权基础。在账户中记录的数额可以反映持有人的财产权利，但这并不意味着持有人对基础资产拥有所有权。

比特币不具有交换媒介、价值存储和账户单位等货币功能，其只能实现极低的交易量，其波动性却远高于货币的波动性，具有巨大的不确定性。[①] 在有关诉讼中，裁判者围绕原告所主张的请求权是否存在以及是否应当获得支持展开。在具体表现形式上，该逻辑从请求权主张开始，延展至请求权基础，再到请求权构成要件事实，这是一种从规范到事实的逻辑秩序。不同的请求权基础，意味着可能截然不同的裁判结果。在有关民间数字货币的民事法律纠纷中，请求权基础一般主要体现为"有权请求损害赔偿"。民间数字货币作为一种特殊的金融商品，难以归入物权法上物的概念中，也自然难以基于物权请求权要求损害赔偿。

在"中国裁判文书网"上，以"虚拟货币"为关键词进行检索，截至2023年3月2日，有关民事纠纷案件多达四千余

---

① David Yermack. Is Bitcoin a Real Currency?: An Economic Appraisal//David Lee Kuo Chuen. Handbook of Digital Currency. ［S. l.］: Elsevier Academic Press, 2015: 31.

件。这些民事纠纷主要涉及合同、准合同、物权及侵权四种基本类型，并以合同纠纷最为普遍。从当事人类别看，法人及其他组织仅占 3.49%，主要涉及平台服务合同及网络侵权责任，其他绝大多数纠纷发生在自然人之间。就此而言，纠纷主要是自然人之间因民间数字货币的投资或交易所产生的纠纷。通过梳理司法判例可知，法院对比特币等民间数字货币的司法裁判，主要有三种裁判路径。

1. 裁判路径一：数字货币交易违反公序良俗，合同无效

数字货币不属于货币，而属于非法代币发行融资行为的实施工具。因此，数字货币交易属于无效行为，不受法律保护。根据《关于进一步防范和处置虚拟货币交易炒作风险的通知》《关于防范代币发行融资风险的公告》的规定，禁止任何代币发行融资活动。因此，不仅数字货币的买卖行为不能受到法律的保护，而且以数字货币为标的所产生的其他合同也不受法律保护。

譬如，有裁判者认为，依据中国人民银行等五部委发布的《关于防范比特币风险的通知》，"比特币在我国不受法律保护，相应的比特币交易不受到法律的保护，当事人若通过比特币交易平台将比特币汇入给其他账户，这种交易行为在我国也不受到法律保护，其行为所造成的后果属于风险自担"[1]。依据该裁判逻辑，民间数字货币交易主体之间的多付、少付、错付等均不受法律保护。

在一例以比特币为交付标的的股权合同争议案中，深圳国

---

[1] 山东省商河县人民法院民事判决书（2015）商民初字第 1531 号。

际仲裁庭肯定了比特币作为合同交付标的及合同的有效性。然而，该裁决随后被深圳市中级人民法院撤销，裁判者根据中国人民银行等七部门联合发布的《关于防范代币发行融资风险的公告》，认为"上述文件实质上禁止了比特币的兑换、交易及流通炒作比特币等行为"，"涉案仲裁裁决将赔偿金与比特币等值的美元折算成人民币，实际上变相支持了比特币与法定货币之间的兑换与交易，与上述文件精神不符，违反了社会公共利益"，该仲裁裁决应予撤销。① 深圳市中级人民法院对于何谓社会公共利益、《关于防范代币发行融资风险的公告》与社会公共利益之间的关系等问题未作任何论证。

2. 裁判路径二：数字货币交易系风险自担行为

该裁判路径可以归纳为：数字货币并不是真正意义的货币，不能作为货币在市场上流通使用；数字货币交易活动不受法律保护，但普通民众在自担风险的前提下拥有参与的自由。

有裁判者认为，若根据法律事实能够证明原、被告之间存在委托关系，则可以进而认定该委托合同成立且有效。不过，即便裁判者对此类委托合同作有效处理，也并不意味着其支持民间数字货币的买卖交易。由于不少裁判者认为"虚拟货币的投资行为不受法律保护"，因此原告事实上难以执行该合同。

例如，在顾某东与董某合同纠纷案中，原告委托被告注册购买DK币及挖矿机，法院认为，"原告将投资款交给了被告，被告再转给案外人，帮助原告注册购买矿机、承诺虚拟货币兑

---

① 参见广东省深圳市中级人民法院民事裁定书（2018）粤03民特719号。

现,原告与被告之间成立委托合同关系",但法院还指出,"DK 币是一种特定的虚拟商品,不具有与货币等同的法律地位,公民投资和交易 DK 币这种不合法物"的行为不受法律的保护。[①] 在该案中,裁判者援引了中国人民银行等五部委发布的《关于防范比特币风险的通知》,据此认定民间数字货币的相关交易属于自担风险行为,由此产生的债务不受法律保护,进而驳回了原告要求委托人承担责任、返还数字货币或投资款的请求。再如,在魏某与李某委托合同纠纷案中,二审法院认为"双方之间形成以比特币为交易介质的委托合同关系",但是"该合同内容违反公序良俗,应认定为无效",而因投资虚拟货币引发的损失,由投资方自行承担。[②]

3. 裁判路径三:数字货币的持有受法律保护

该裁判路径可以归纳为:我国法律不承认数字货币的货币属性,但并未禁止比特币作为特殊商品或财产的持有、使用和流转,因而数字货币具有财产属性,受到法律保护。[③]

有裁判者对民间数字货币的损害赔偿请求权持肯定态度,认为"虚拟货币是一种特定的虚拟商品,具有一定的价值",持有人"对账户内虚拟货币拥有财产权","依据侵权责任法之规定,侵害民事权益,应当承担侵权责任"[④]。在北京市海淀区人民法院审理的一起涉及比特币的合同纠纷案中,裁判者也

[①] 参见江苏省昆山市人民法院民事判决书(2019)苏 0583 民初 6945 号。
[②] 参见北京市第三中级人民法院民事判决书(2021)京 03 民终 18277 号。
[③] 杨震,刘磊. 数字货币法律属性的司法判断与类型化方法.(2020-09-08). http://www.mzyfz.com/html/1389/2020-09-08/content-1437288.html.
[④] 北京市海淀区人民法院民事判决书(2018)京 0108 民初 15687 号。

指出"比特币属于合同法上的交易对象,具有应当受到法律保护的民事利益","有关比特币交付的争议,可以找到合同法上的依据"[①]。

在涉及民间数字货币的委托合同纠纷中,部分裁判者虽然否认委托合同的"壳"(认定合同无效),却承认民间数字货币的财产属性。有裁判者依据《民法典》第157条规定的"民事法律行为无效、被撤销或者确定不发生效力后,行为人因该行为取得的财产,应当予以返还",作出返还财产的判决。同时,中国的法律、行政法规并未禁止民间数字货币的持有和合法流转,其应当具有财产属性。在此裁判逻辑下,即便委托合同无效,仍不影响原告获得相应的损害赔偿。例如,在刘某与赵某清等委托合同纠纷案中,二审法院在判决原、被告之间委托合同关系无效的基础上,要求被告返还因合同取得的财产(数字货币)。

概言之,在处理与比特币等民间数字货币有关的财产纠纷时,不应当采取一刀切式的裁判方式,而应关注民间数字货币在个案中发挥的具体功能,肯定被损害方的损害赔偿请求权,并据此斟酌相关法律的适用。对当事人的实际财产造成损失的,受损害方可以要求损害方及数字货币交易平台承担相应的赔偿责任。

(四)不同裁判路径的背后原因

根据我国的金融管理政策,我国禁止非法代币发行融资行

[①] 北京市海淀区人民法院民事判决书(2018)京0108民初24805号。

为，也禁止数字货币作为货币在市场上流通使用。在司法实务中，一些法院基于维护金融秩序和交易安全的价值立场，对数字货币交易活动适用严格的禁止性规定（如裁判路径一）；也有一些法院基于保护数字货币持有人财产权益或交易自由的价值立场，赋予数字货币一定程度的法律保护（如裁判路径三）。

需要注意的是，《关于进一步防范和处置虚拟货币交易炒作风险的通知》或《关于防范代币发行融资风险的公告》所禁止的交易行为是比特币以货币身份从事的活动，以及通过代币方式筹集比特币、以太币等虚拟货币，并未直接禁止比特币的其他交易活动。裁判者直接援引《关于进一步防范和处置虚拟货币交易炒作风险的通知》《关于防范代币发行融资风险的公告》等并宣布比特币交易无效，甚至判定其违反社会公共利益，这在法律适用上未必妥当。《关于进一步防范和处置虚拟货币交易炒作风险的通知》《关于防范代币发行融资风险的公告》并非《民法典》第153条所规定的"法律、行政法规的强制性规定"。在涉及数字货币的民事纠纷中，需要严格区分民商事审判和行政监管的不同定位。行政监管强调的是国家公权力，即利用行政职权塑造市场经济制度，并矫正市场中的不良行为；而民商事审判关注的是平等主体间的民事合同关系，它尊重当事人之间的意思自治，在没有违反国家强制性规定的情形下，应当尽量尊重双方当事人的契约自由。笔者认为，即使比特币等民间数字货币不属于我国法律明确规定的财产，但交易导致当事人实体财产遭受损失的，法律原则上仍然应当保护当事人的财产权利。

在技术层面上，不应混淆民间数字货币的内在价值与外部表彰形式，不可以将民间数字货币直接归于物权上的"物"。民间数字货币处于权利客体划分的过渡区，这也决定了民间数字货币是一种复合型权利，即债权请求权与财产共有关系的集合。民间数字货币与一般意义上的物具有本质区别。在传统民法中，物权强调物的使用价值，债权在一般情况下则与使用价值无关。民间数字货币具有投融资功能，它虽不是一种典型的债权，但具有与债权请求权相似的性质，也有学者将此描述为"锚定一揽子法币的请求权"[1]。债权请求权在债的关系成立时即已生效，其他请求权一般只是在基础权利遭受侵害时才产生。相应地，一旦发生民间数字货币的移转或交付，则意味着债的关系已经成立，债权请求权随之而生。

有海外学者认为，在对民间数字货币的裁判态度上，我国司法裁判者过于严苛，应当对数字货币施以一种"轻触式"（a light touch）的规制方式。[2] 其实，这种"严苛"是一种误解，"严苛"的背后是对新生事物的谨慎。民间数字货币法律纠纷的裁判逻辑的关键在于夯实请求权基础。对此，"准资产证券化"的思路有助于厘清民间数字货币的债权及损害赔偿请求权基础，进而框定法律调整的范畴及边界。另外，民间数字货币的法律纠纷不仅产生于交易当事人之间，往往还会涉及数字货

---

[1] 李敏. 数字货币的属性界定：法律和会计交叉研究的视角. 法学评论，2021（2）.

[2] Nian, Lam Pak, D. L. K. Chuen. A Light Touch of Regulation for Virtual Currencies//David Lee Kuo Chuen. Handbook of Digital Currency. [S. l.]: Elsevier Academic Press, 2015: 313.

币交易平台提供者是否履行了法定义务，谨防平台提供者打着"金融创新"的幌子从事非法交易，同时也不应忽视对交易者的合法财产权利的保护，受害者可以要求加害者及交易平台承担相应的赔偿责任。

（五）平台责任：数字货币交易平台提供者的信义义务

与Q币、游戏币等具有明确的开发主体不同，民间数字货币往往不具有明显的行为主体和责任边界，在区块链网络中，不存在一个中心化的发行机构，民间数字货币只是通过加密技术全网流通，甚至可以跨企业、跨国界地流动。由于发行机构的不明朗，民间数字货币的法律纠纷不仅会产生于交易当事人之间，往往还会涉及数字货币交易平台提供者（以下简称"交易平台提供者"）。交易平台提供者虽不是交易的双方当事人，却起着至关重要的作用。这是因为，交易平台提供者不仅是双方交易的撮合者，更是各类数字货币交易结构的设计者。就此而言，交易平台提供者的责任与义务，是民间数字货币法律规制的核心所在。交易平台提供者往往利用自身的信息优势地位，通过格式条款等方式将本该承担的法定义务免除，以此试图逃脱相应的法律责任。

在市场中，一种挂钩数字货币的"永续合约"交易已成泛滥之势。"永续合约"没有到期日或结算日，用户可以无限期持有数字货币的仓位，无须交割。此类交易具有极高的杠杆，可以高达百倍，所采用的交易模型与期货合约类似。交易平台也与期货交易所相似，拥有电子化的互联网交易系统。例如，在一家名为"OKEx"的数字交易平台[①]上，进行交易的民间数字货币多达两百余种，其中一款数字货币"永续合约"挂钩比特币市场价格，其每一张合约代表100美元的比特币（美元计价，可人民币结算），交易者可以通过买入"做多"合约获取数字货币价格上涨的收益，或通过卖出"做空"合约获取虚拟数字货币收益。[②]"永续合约"的交易设计，虽挂钩于某一民间数字货币价格，但不等同于数字货币本身，而是相当于在民间数字货币交易市场之外另行建立起一个独立的合约交易市场。其中，所谓的比特币看涨方，实际是合约的买方，比特币看跌方，实际是合约的卖方。由于合约面值通常是美元，所以该合约可以与法定货币进行兑换。采用这种设计，不仅打通了比特币等民间数字货币与各国法定货币之间的兑换途径，甚至还可以通过高杠杆加大民间数字货币的流动性及投机性。无论民间数字货币的市场价格涨或跌，交易平台提供者均可以通过不断抬高的"资金费"从中获利，却对其中畸高的交易风险及法律风险避而不谈，甚至有欺诈交易者之嫌疑。

此类交易平台提供者常辩解道，"永续合约"是一种衍生品交易，其本质并非期货，不受我国期货交易法规或其他金融立法的限制。"永续合约"与通常的期货合约确实存在差异。

[①] OKEx网站一直由烽火创杰公司在中国进行宣传及提供相应网络服务，却称其服务提供者为在伯利兹注册的OKEX Technology Company Limited，"企图以此方式规避中国法律制裁，逃避法律责任"。参见北京市海淀区人民法院民事判决书（2018）京0108民初15687号。

[②] [2020-10-01]. https：//www.okex.me/derivatives/swap/usd-btc.

例如，数字货币合约价格不会过分偏离数字货币的市场定价。再如，"永续合约"不存在合约到期交割，也不会产生期货合约的"持有成本"。但是，"永续合约"与期货合约在商业上的差异，不足以证成"永续合约"的合法性和正当性。在我国，除股指期货等金融期货外，其他商品期货虽然未必都要实物交割，但至少要具备实物交割的可能性，"永续合约"等却完全排除了实物交割，这就为投机交易创造了无限空间。与此同时，因"永续合约"无法被履行，交易者难以获得合同法的保护，其交易风险完全裸露在外，"永续合约"几乎已永久丧失了合同的意义。

就此而言，当交易者选择某一平台进行民间数字货币交易而遭受财产损害时，交易平台提供者是否履行了信义义务（fiduciary duty），将直接影响到其是否应当承担相应的民事赔偿责任。"fiduciary"原意系基于信任关系的"受托人"[1]，侧重于强调"受托人"之身份属性，并且"fiduciary duty"强调委托关系中的受托人应当恪守的义务。我国《信托法》第28条第1款关于"受托人不得将其固有财产与信托财产进行交易或者将不同委托人的信托财产进行相互交易，但信托文件另有规定或者经委托人或者受益人同意，并以公平的市场价格进行交易的除外"的规定，在一定程度上体现了我国实定法上的信义义务内涵。需要注意的是，信托关系虽具代表性，但不能将信义关系等同于信托关系，凡是一方依赖于另外一方，被依赖方对依赖一方的事务有裁量权，被依赖方的义务不能

---

[1] 薛波. 元照英美法词典. 北京：北京大学出版社，2017：549.

被完全约定,需要通过法律对该义务进行框定的法律关系均属于信义关系。

  信义义务立基于忠实义务,从极端意义上而言,信义义务不仅是一项义务,而且是一种独特的法律关系,反映委托人与受托人双方的信赖关系和忠实义务。① 对此,有裁判者指出,"比特币平台在提供网络进行交易时,在用户账户充值及交易出现异常时,未切实履行客户身份识别、可疑交易报告等法定反洗钱义务,未核实用户身份就为其账户充值,对用户账户的异常交易视而不见,应当承担相应的责任"②。据此,法院认定交易平台存在过错,认为交易平台"间接给原告造成了损失,其漠视的态度一定程度上起到了配合犯罪分子转移赃款的效果,造成了受害人款项被挥霍无法追回,对此平台的违规行为在客观上为犯罪行为提供了便利"。信义义务一般是交易平台提供者接受客户委托后形成的,信义义务的核心是"客户利益最大化"(best interest rule)。交易平台提供者在向客户推介数字货币有关交易时,均需秉持"客户利益最大化"之理念。数字货币合约交易不具备风险对冲功能,它往往打着各种金融创新的幌子,实际上却是加大杠杆、放大风险,目的在于打通民间数字货币与法定货币之间的"防火墙",进而规避法律监管和货币政策的适用。基于此,应当明确交易平台提供者的信义义务及法律责任,加强对洗钱、赌博等违法犯罪活动的打击。

---

① J. C. Shepherd. The Law of Fiduciaries. [S. l.]: Carswell, 1981: 48, 59-60.
② 黑龙江省高级人民法院民事判决书〔2016〕黑民终 274 号。

六、结论

货币的起源可以归纳为"一种关于交换权的契约",国家通过提供流动性支持和监督管理,成为值得信任的担保人,各国法定货币因此诞生。随着互联网与智能手机的普及,货币的数字化与虚拟化成为必然趋势,数字货币随之而生。正如奥古斯丁所言,"恶是虚无,是善的缺乏所致"[①]。民间数字货币的诞生与发展,在很大程度上是因为人们对法定货币制度的信赖不足,遂形成了乱象丛生的数字货币市场。

第一,学界应当厘清法定数字货币与民间数字货币的根本差异,回归至法学理论框架中系统地展开对数字货币的差异化解释。唯经法定程序的数字货币,才被赋予法律拟制的性质,并彻底脱离原始的商品功能,成为真正意义上的货币;民间数字货币不具有法律拟制性,无法被归入法定货币,但因其具有商品色彩,多数具有财产利益,可以成为民事主体的合法财产及交易标的。因此,数字货币持有人在遭受损害时,可以向交易相对方甚至交易平台提供者主张损害赔偿。[②]

第二,立法者应当禁止民间数字货币试图替代法定货币的行为,监管者应当警惕与民间数字货币相关的衍生非法交易。唯有建立起科学、合理且完善的央行数字货币体系,才能击破

---

① 奥古斯丁. 论自由意志. 成官泯,译. 上海:上海人民出版社,2020:9.
② 吴烨. 论数字货币的法律性质:一个类型化分析视角. 科技与法律,2023(1).

民间数字货币试图充当法定货币的美梦，混沌不清的乱象才能逐渐退去，数字货币也才可以进入泾渭分明的二元分置时代。那些宣称"代码即法律"的技术信仰者，想要规避既有法律规范、构建起货币的"法外之地"，终将是一场"乌托邦"之梦。①

第三，人们对数字货币的追捧，主要是对"抗风险""高流通""低成本"的新形态货币的渴望。在数字货币市场中，虽然存在洗钱、赌博、欺诈等诸多问题，但违法交易者毕竟是少数。我国应当通过合理的制度设计，提升法定数字货币的高流通性及抗风险性，从而倒逼民间数字货币回归至应然定位。

---

① 吴烨. 论数字货币的法律性质：一个类型化分析视角. 科技与法律，2023（1）.

第七章

元宇宙中的虚实交互：
从"人脸识别"到"AR/VR 技术侵权"

第七章　元宇宙中的虚实交互：从"人脸识别"到"AR/VR技术侵权"

一、背景

元宇宙是一个现实世界与虚拟世界相互映射的系统。现实世界与虚拟世界的相互映射，主要通过交互设备来实现，这必然离不开人脸识别、增强现实/虚拟现实（AR/VR）等技术。当上述技术与新型业务相互融合，就会产生新型的法律纠纷。在此类纠纷中，如何切实保护当事人的合法权益，成为重要课题。伴随元宇宙技术的不断进步，面对不断发展变化的权益客体时，法律解释极易陷入形式主义的窠臼，这不仅影响到新技术带来的解释论争议，也使得相关的隐私权、个人信息权益等权益保护面临困境。

如何穿透技术之表象明确有关私权利的法理基础与保护路径，司法裁判者的态度莫衷一是；如何更有效地保护私权利，是法律需要澄清的问题。面对新型纠纷，往往会出现法律适用上的不明确。一些技术狂热支持者鼓吹"算法无罪、技术中立"等论调，认为技术本身具有黑箱，技术给当事人带来的损失，属于当事人的风险自担范畴。对此，我们既不应当过分强调技术即自由或技术中立，亦不应当将其简单地归置于某一传统类别，而是需要考虑新兴技术的特殊性，对此作出合理的制度安排。对于上述问题，本章选取典型案例和新型案例等作为切入点,从具体案例中提炼出权利保护的路径及方法,夯实有关纠纷解决的实定法基础。

二、典型案例:"人脸识别第一案"拉开的序幕

2019年4月27日,郭某向杭州野生动物世界(以下简称"杭州动物世界")购买"畅游365天"双人年卡,为办理年卡,郭某与其妻子叶某留下了姓名、身份证号码,拍照并录入了指纹,郭某还向杭州动物世界登记留存了电话号码等信息。此后,杭州动物世界因提高游客检票入园的通行效率等原因,决定将入园方式从指纹识别入园调整为人脸识别入园,并以店堂告示形式进行了公示。2019年7月12日,杭州动物世界向包括郭某在内的年卡持卡客户群发短信,通知其进行人脸激活,并于2019年10月17日再次发短信通知年卡客户,人脸识别已经启用,指纹识别已无法使用。2019年10月26日,郭某与同事陈某至杭州动物世界核实人脸识别入园一事,郭某提出其妻子不同意人脸识别,并咨询在不注册人脸识别的情况下能否退卡费,双方未能就退卡方案达成一致。2019年10月28日,郭某遂向法院提起诉讼,要求确认杭州动物世界店堂告示、短信通知中相关内容无效,并以杭州动物世界违约且存在欺诈行为为由要求赔偿年卡费、交通费,删除个人信息等。[①]

---

① 参见浙江省杭州市富阳区人民法院民事判决书(2019)浙0111民初6971号、浙江省杭州市中级人民法院民事判决书(2020)浙01民终10940号。

第七章　元宇宙中的虚实交互：从"人脸识别"到"AR/VR 技术侵权"　　215

本案争议焦点主要有三：第一，店堂告示、短信通知内容是否有效；第二，杭州动物世界是否存在违约和欺诈；第三，郭某能否要求杭州动物世界删除已收集的个人信息。

对于上述争议，郭某主张如下：第一，杭州动物世界在收集其指纹时未对安全风险进行提示，同时有关以指纹识别与人脸识别技术手段入园的公告及短信内容违反《消费者权益保护法》第 26 条的规定，依法应当被确认无效。第二，杭州动物世界要求郭某进行人脸识别方可入园的行为构成违约。第三，杭州动物世界在郭某办理年卡时隐瞒其他入园方式，强制性地要求郭某通过指纹录入的方式办理和使用年卡，此后又强制性地要求郭某进行人脸识别注册。同时，杭州动物世界提供的入园和身份验证服务不符合个人信息安全保障要求，构成欺诈。第四，杭州动物世界收集和使用指纹信息用于提供游览服务不符合"合法、正当、必要"原则，同时杭州动物世界的公告、短信无效且存在违约，因此应当将郭某办理年卡时提交的全部个人信息及入园信息进行删除。[1]

杭州动物世界的抗辩理由如下：第一，年卡入园与一般入园存在差别，年卡入园需要身份识别，因此需要收集生物识别信息（指纹和面部识别信息），郭某办理年卡的行为，实质上是为获取经济利益而对个人信息进行商品化的主动利用，因此双方合同内容有效。第二，杭州动物世界更换人脸识别验证，并不影响年卡用户无限次游园的权利，短信通知也并非拒绝郭

---

[1] 参见浙江省杭州市富阳区人民法院民事判决书（2019）浙 0111 民初 6971 号、浙江省杭州市中级人民法院民事判决书（2020）浙 01 民终 10940 号。

某入园，因此不存在违约或预期违约情形。第三，即使杭州动物世界隐瞒其他入园方式，也只是属于提供服务存在质量问题，而郭某在对指纹入园提出异议后，仍以该方式入园的行为，应当视为"明知服务存在质量问题而仍然接受"，因此杭州动物世界不存在欺诈行为。第四，在郭某为追求商业利益而主动商品化利用其个人信息的情况下，应当限制、排除其删除权的行使。第五，杭州动物世界存储个人信息具有正当目的，在其收集使用个人信息不存在违法违约情形的情况下，郭某无权要求其删除个人信息。第六，入园记录是双方履行合同过程中形成的数据，属于双方共有，郭某无权单方要求删除。①

一审判决判令杭州动物世界赔偿原告合同利益损失678元及交通费360元，并删除原告办理指纹年卡时提交的包括照片在内的面部特征信息，同时驳回了郭某的其他诉讼请求。原、被告均不服一审判决，分别向杭州市中级人民法院提起上诉。二审判决在维持一审判决中的前述两项内容的同时，判令杭州动物世界删除原告办理指纹年卡时提交的指纹识别信息，并驳回郭某的其他诉讼请求。原告之后进一步向浙江省高级人民法院申请再审，被裁定驳回。

本案原告诉请被告删除其采集的原告的全部个人信息（包括指纹、照片、照片中提取的人脸信息等）。法院最终判决被告删除原告的指纹和照片信息，虽然部分满足了原告的诉请，但从法院的说理中可以看到，法院实际上并未对商家收集客户

---

① 参见浙江省杭州市富阳区人民法院民事判决书（2019）浙0111民初6971号、浙江省杭州市中级人民法院民事判决书（2020）浙01民终10940号。

人脸识别信息的必要性进行判断。并且，法院支持原告要求删除其指纹识别信息的理由是基于合同主体单方变更合同内容致使合同目的无法实现，并非出于对个人信息保护的目的。本案中，法院对主张个人信息受到侵害的主体设置了相应的举证标准，主张人应当举证证明至少存在个人信息受到侵害（例如存在泄露、非法提供或者滥用等情形）的可能与危险，否则对于经过其同意收集的个人信息法院无法支持相关的删除请求。

如何协调个人信息权益与个人生物识别信息的商业化运用，是法律需要予以回应的问题。本案作为"人脸识别第一案"拉开了序幕，具有重要的意义。本案亦有遗憾之处：其一，未肯定个人生物识别信息的权利属性，本案判决仅在违约框架内进行思考与定位。其二，对法律上的"知情同意"仅作了事实性的简单理解，实质上架空了信息主体的同意权利，进而在一定程度上消解了同意机制对信息主体的保护。其三，名义上承认信息主体在涉及违约或违法的情形下可主张删除权，但未对删除权的实现方式提供任何保障，是否删除与如何删除等完全由信息处理者自主决定，以致删除权实际上仅仅作为纸面权利而存在。

三、新型案例：AR/VR 技术引发的新问题

增强现实技术（augmented reality，AR），最早可以追溯至 20 世纪末。该技术令虚拟世界与真实世界的信息内容相互叠加，使其在同一显示器中呈现出来，有效地实现了信息之间

的补充和完善。虚拟现实技术（virtual reality，VR），则是一种通过计算机生成的、具有交互性和动态性的三维效果，可以逼真地模拟出真实的背景或环境，令参与者能够在虚拟空间中实现实时互动。VR 技术中最为关键和重要的组成是 VR 设备。通过 VR 设备，可以在使用者面前展现出虚拟的世界。在一般情况下，该设备有着较强的不透光性，将用户与外部真实世界完全隔离开来，使用户能够全身心地投入在虚拟世界中。① AR 技术与 VR 技术均具有虚拟性，需要依赖相关设备才能实现，但两者之间亦存在区别（见表 7-1）。

表 7-1　AR 技术与 VR 技术的主要区别

项目	定义	原理	目的	实现方式	技术	应用
AR（半真半假）	实时计算摄影机位置及角度并加上相应图像、视频、3D 模型的技术	将图像、声音等感官功能增强，实时添加到真实世界中	在真实环境下为用户提供辅助性物体	通过测量用户与真实场景中物体的距离并重构，实现虚拟与现实的交互	多媒体、三维建模、实时视频显示及控制、实时跟踪、场景融合	美颜相机、短视频软件中的变脸特效、虚拟试衣镜等
VR（全虚）	利用计算机模拟出一个三维世界，让用户身临其境的技术	构建一个虚拟环境	提供一个完全虚拟化的三维空间，令用户沉浸其中	通过用户位置定位，利用双目视差分别为用户左右眼提供不同的画面	仿真技术、人机接口技术、计算机图形学、传感技术、网络技术等	虚拟射击、虚拟滑雪、虚拟驾驶等

---

① 吴爽. 从专利角度解析 VR 与 AR. 信息与电脑（理论版），2017（3）.

第七章　元宇宙中的虚实交互：从"人脸识别"到"AR/VR 技术侵权"　219

1. 丝芙兰"AR 试妆"侵权案

2014 年，全球高端化妆品零售商丝芙兰推出了一款 AR 虚拟试妆设备——"魔镜"（3D augmented reality mirror），用以在店内帮助顾客试用眼影。后来随着技术的发展，虚拟试妆产品从眼影扩展到腮红、口红等多种化妆品类型。丝芙兰工作人员介绍，在顾客使用丝芙兰的试妆"魔镜"时，摄像头会自动将捕捉到的人脸输入计算机设备，并实时呈现在电子屏幕上，形成类似镜子的效果，之后，顾客通过"视频流"将化妆品涂抹在准确的位置，只需转动头部就可从不同角度察看上妆效果。该过程好比顾客拥有了一个虚拟分身，并可以为其任意添加形象设定。

2021 年 6 月，美国加利福尼亚州针对各大零售商展开执法检查。其间发现，丝芙兰未在隐私政策中向消费者披露其向第三方出售个人信息，允许第三方通过追踪技术追踪丝芙兰官网和应用程序上的消费者行为，收集有关消费者的数据，包括消费者使用的设备类型、购物车，甚至是消费者的精确位置，违反收集个人信息以及出售个人信息时的告知义务。另外，丝芙兰也未向消费者提供"试妆结束后，删除自己的人脸识别数据"和"允许丝芙兰收集，但禁止丝芙兰销售我的隐私数据"等安全选项，此行为侵犯了消费者的选择退出权。根据《加利福尼亚州消费者隐私法案》（加利福尼亚州消费者隐私保护法案，California Consumer Protection Act，CCPA）的规定，"消费者有权在任何时候指示一个欲将消费者个人信息出售给第三方的企业不得出售该消费者的个人信息"。这项权利可以被称为"选择退出权"。消费者有权"选择退出"（OPT OUT）其个人信息被"销售"。相关企业必须向消费者告知此权利（包括在其网站上提供清晰明显的链接，标题为"请勿出售我的个人信息"），并且必须采用指定的方法让消费者选择退出（包括免费电话号码以及选择退出的网站地址）。相关企业必须尊重消费者的选择退出，并且必须等待 12 个月才能寻求重新授权以出售其个人信息。①

相关执法部门通知丝芙兰可能违反《加利福尼亚州消费者隐私法案》的相关条款，要求其在 30 日内采取补救措施，但丝芙兰未采取任何行动。最终，执法部门以加利福尼亚州居民的名义将丝芙兰诉至加利福尼亚州高级法院。丝芙兰同意以支付 120 万美元罚款的方式与加利福尼亚州居民达成和解协议，并作出四项承诺：（1）在隐私政策中向消费者披露其向第三方出售个人信息的事实；（2）为消费者提供退出个人信息出售的有效渠道；（3）与丝芙兰合作的服务提供商需符合法律的相关要求；（4）向司法部部长提供有关其出售个人信息、其与服务提供商的关系状态，以及其遵守 GPC（全球隐私控制，global

---

① 《加利福尼亚州消费者隐私法案》第 1798.120 规定：（a）消费者有权在任何时候指示一个欲将消费者个人信息出售给第三方的企业不得出售该消费者的个人信息。这项权利可以被称为"选择退出权"。（b）向第三方出售消费者个人信息的企业应根据第 1798.135 节第（a）条的规定向消费者发出通知，告知消费者该信息可能会被出售并且消费者有权选择不出售他们的个人信息。（c）如果一家企业从消费者那里收到指示不得出售其个人信息，或者出售小部分消费者的个人信息没有得到该部分消费者的同意，根据第 1798.135 节第（a）条第 4 款的规定，出售这部分消费者信息的行为应该被禁止，直到收到消费者指示后方可进行，除非消费者随后明确授权可出售其个人信息。

privacy control）要求等情况的报告。①

2. "AR 滤镜"违规采集人脸信息案

色拉布（Snapchat）是由斯坦福大学两名学生开发的一款"阅后即焚"照片分享应用程序。在该应用程序中，用户可以拍照、录制视频、添加文字和图画，并将其发送给该应用中的好友。该应用程序最主要的功能是，所有照片都需要设置1～10秒的"生命期"，即用户将照片发送给好友后，应用程序会根据用户预先设定的时间自动销毁照片，并且，若接收方在此期间试图进行截图，照片用户也会得到相应的通知。色拉布这种"阅后即焚"的功能为年轻人互相发送某些照片提供了一个平台，因为这些信息不会在网上留下痕迹。当然，同时也满足了那些想要发送商业机密或者敏感信息的用户的需求。

多样化滤镜是色拉布产品竞争力的重要组成，此类滤镜多数依托 AR 技术实现。滤镜可以把镜头中的人脸变成动物、水果，或是在照片上添加其他元素，用户可以选择相应的滤镜，并且根据自己的喜好进行调整。美国伊利诺伊州发起集体诉讼，指控色拉布滤镜通过摄像头扫描、采集并修改用户面部数据，以达到任意改变他们在镜头中的脸部形象的效果，而这些面部数据属于伊利诺伊州 2008 年颁布的《生物识别信息隐私法》（BIPA）中的"生物识别标识符"（biometric identifier）。色拉布未经用户允许，收集和使用了用户的生物识别信息，也未公开告知收集、使用和销毁个人生物识别信息的具体流程，

---

① ［2022 - 09 - 29］. https：//oag.ca.gov/news/press-releases/attorney-general-bonta-announces-settlement-sephora-part-ongoing-enforcement.

这违反了《生物识别信息隐私法》的有关规定。

色拉布公司表示，其产品的滤镜功能是通过物体识别技术（object recognition technology）实现的，这项技术只会识别出人的五官并加上滤镜效果，这些特征并不会指向特定个人。并且，数据只存储在用户的设备上，甚至部分数据会在关闭应用时就被删除，不可能被发送到公司的服务器上。因此，色拉布公司不承认其行为违法，但同意以 3 500 万美元达成和解。和解已于 2022 年 8 月 8 日在法院提起，并获得了法官的初步批准。根据该和解协议，自 2015 年 11 月 17 日以来所有使用过色拉布的伊利诺伊州居民都将可能从这笔和解金中获得赔偿。

实际上，除色拉布公司以外，由于被质疑非法收集用户人脸识别信息，Meta（原脸书公司）于 2021 年宣布暂时关闭 Facebook 上的人脸识别系统，并将删除超过 10 亿人的个人面部识别模板。2022 年 5 月，Meta 也被指控违反《生物识别信息隐私法》，随后 Meta 在伊利诺伊州和得克萨斯州关闭了旗下社交软件 Facebook、Instagram 等多个产品的 AR 滤镜功能。

此前，字节跳动旗下产品 TikTok 以 9 200 万美元和解的一起隐私集体诉讼，也涉及滤镜对人脸识别信息的非法收集。在和解协议稿中，TikTok 被指控违反《生物识别信息隐私法》，利用技术采集用户的面部特征并推荐相关的贴纸和滤镜。

四、结论

个人生物识别信息属于敏感个人信息，非法收集人脸信息可能侵犯他人肖像权、隐私权等，需要承担民事责任甚至刑事责任。从国内"人脸识别第一案"可以看出，随着大数据的发展和广泛应用，人们越来越重视个人信息的保护。在技术和信息高速发展的时代，人格权保护不仅是每一个先进技术使用者要考虑的事，更是一个企业安身立命的根本。开发者、运营商要严格依照相关法律规定，履行告知、提示义务，在征得用户同意的情况下收集、合理使用个人信息。在涉及用户安全数据或者一些商业性敏感数据的情况下，在不违反系统规则的条件下，对真实数据如身份证号、手机号、卡号、客户号等个人信息进行改造并提供测试使用，都需要进行数据脱敏。[1]

就像邮政编码、IP 地址和声纹等，VR 和 AR 的追踪数据也应该被视为潜在的个人身份信息（personally identifiable information，PII），因为它可以用来区分或追踪个人的身份，而无论是单独使用还是与其他个人识别信息相结合。美国国家标准技术研究院（National Institute of Standards and Technology，NIST）将个人身份信息定义为"由代理机构维护的有关个人的任何信息，包括任何可用于区分或追踪个人身份的信息，例如姓名、出生日期和地点或生物特征记录，以及与个人相关或可关联的任何其他信息，例如医疗、教育、财务和就业信息"。该定义将个人身份信息分为两类：关联数据，即直接

---

[1] 数据脱敏是指对某些敏感信息通过脱敏规则进行数据的变形，实现对敏感隐私数据的可靠保护。通过数据脱敏，可以有效防止企业内部对隐私数据的滥用，防止隐私数据在未经脱敏的情况下从企业流出。企业可以既保护隐私数据，同时又保持监管合规，满足企业合规性。

与人相关的数据；以及衍生数据，这些数据与人的身份没有直接关联，但只需稍加工作就可以将其与个人联系起来。

上述定义，亦符合我国立法上的"个人信息"概念。《民法典》第1034条在关于个人信息的定义中明确规定"自然人的个人信息受法律保护"。《个人信息保护法》第28条规定，包括人脸识别信息在内的生物识别信息属于敏感个人信息（见图7-1）。第62条则授权国家网信部门统筹协调有关部门制定有关人脸识别的专门个人信息保护规则、标准。第15条和第47条第1款第3项也规定，个人有权撤回处理个人信息的同意，且在个人撤回同意后，个人信息处理者应当主动删除个人信息。《网络数据安全管理条例（征求意见稿）》第25条明确，数据处理者利用生物特征进行个人身份认证的，应当对必要性、安全性进行风险评估，不得将人脸等生物特征作为唯一的个人身份认证方式，以强制个人同意收集其个人生物特征信息。《最高人民法院关于审理使用人脸识别技术处理个人信息相关民事案例适用法律若干问题的规定》更是对人脸识别技术处理个人信息作出了详细的规定。

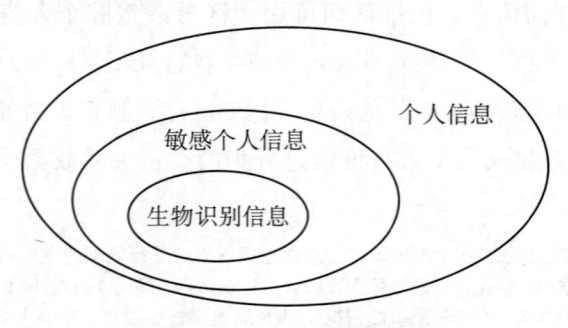

图 7-1 个人信息概念图谱

"同意"的本质是个人自决权。个人在认知能力或信息不对称方面的弱势,会造成意思表示不自由。如果破坏了既有的或规范的信息流通,导致人们的合理预期无法实现,就有违同意制度的初衷。根据《个人信息保护法》第 13 条的规定,除部分例外情形外,"取得个人同意"是个人信息处理者处理个人信息的合法基础和前提条件。实践中,个人信息处理者大多也是通过"取得个人同意"的方式获取收集、存储、使用、加工、传输、提供、公开、删除等处理个人信息的授权,以此规避个人信息处理的法律风险。从同意的方式来看,同意一般可以分为"概括同意"和"单独同意"。从同意的时间来看,同意可以分为"首次同意"和"再次同意"。根据《个人信息保护法》有关规定,数据处理者处理个人生物识别、宗教信仰、特定身份、医疗健康、金融账户、行踪轨迹等敏感个人信息应当取得个人的单独同意。个人信息处理中的"同意"类型及法律依据见表 7-2。

表 7-2 个人信息处理中的"同意"类型及法律依据

同意类型	适用场景	适用条件	法律依据
单独同意	个人信息对外提供	个人信息处理者向其他个人信息处理者提供其处理的个人信息	《个人信息保护法》第 23 条
	个人信息公开	个人信息处理者不得公开其处理的个人信息,取得个人单独同意的除外	《个人信息保护法》第 25 条
	在公共场所收集个人信息	在公共场所收集个人信息,将收集的个人信息用于维护公共安全目的外的其他目的	《个人信息保护法》第 26 条

续表

同意类型	适用场景	适用条件	法律依据
单独同意	处理敏感个人信息（包括不满十四周岁未成年人个人信息）	处理敏感个人信息	《个人信息保护法》第29条、第31条
	个人信息出境	个人信息处理者向中华人民共和国境外提供个人信息	《个人信息保护法》第39条
书面同意	处理敏感个人信息	相关法律、行政法规规定处理敏感个人信息应当取得书面同意	《个人信息保护法》第29条
再次同意	个人信息转移	个人信息处理者因合并、分立、解散、被宣告破产等原因需要转移个人信息，接收方变更原先的处理目的、处理方式	《个人信息保护法》第22条
	个人信息对外提供	个人信息处理者向其他个人信息处理者提供其处理的个人信息，接收方变更原先的处理目的、处理方式	《个人信息保护法》第23条

参考文献

中文论文：

王利明. 和而不同：隐私权与个人信息的规则界分和适用. 法学评论，2021（2）.

杨立新，王中合. 论网络虚拟财产的物权属性及其基本规则. 国家检察官学院学报，2004（6）.

龙卫球. 人工智能立法规范对象与规范策略. 政法论丛，2020（3）.

龙卫球. 科技法迭代视角下的人工智能立法. 法商研究，2020（1）.

张新宝. 个人信息收集：告知同意原则适用的限制. 比较法研究，2019（6）.

杨延超. 论数字货币的法律属性. 中国社会科学，2020（1）.

齐爱民，张哲. 论数字货币的概念与法律性质. 法律科学，2021（2）.

周仲飞，李敬伟. 金融科技背景下金融监管范式的转变. 法学研究，2018（5）.

刘宪权，金华捷. 论互联网金融的行政监管与刑法规制. 法学，2014（6）.

李有星，陈飞，金幼芳. 互联网金融监管的探析. 浙江大学学报（人文社会科学版），2014（4）.

孙山. 财产法的体系演进. 上海政法学院学报，2021（4）.

梅夏英. 信息和数据概念区分的法律意义. 比较法研究，2020（6）.

王泽鉴. 契约关系对第三人之保护效力//王泽鉴. 民法学说与判例研究：第2册. 北京：中国政法大学出版社，1998.

常鹏翱. 民法中的物. 法学研究，2008（2）.

熊丙万. 私法的基础：从个人主义走向合作主义. 中国法学，2014（3）.

赵金龙，任学婧. 论电子合同. 当代法学，2003（8）.

陈融. 论当代美国合同法的古典复兴思潮及其启示：以司法判例为视角. 四川大学学报（哲学社会科学版），2012（4）.

马新彦. 信赖与信赖利益考. 法律科学，2000（3）.

梅夏英，许可. 虚拟财产继承的理论与立法问题. 法学家，2013（6）.

梅夏英. 虚拟财产的范畴界定和民法保护模式. 华东政法大学学报，2017（5）.

张付标，李玫. 论证券投资者适当性的法律性质. 法学，2013（10）.

高郦梅. 网络虚拟财产保护的解释路径. 清华法学，2021（3）.

袁曾. 人工智能有限法律人格审视. 东方法学，2017（5）.

吴汉东. 人工智能生成作品的著作权法之问. 中外法学，2020（3）.

易继明. 人工智能创作物是作品吗. 法律科学，2017（5）.

张玉洁. 论无人驾驶汽车的行政法规制. 行政法学研究, 2018 (1).

司晓, 曹建峰. 论人工智能的民事责任: 以自动驾驶汽车和智能机器人为切入点. 法律科学, 2017 (5).

李敏. 数字货币的属性界定: 法律和会计交叉研究的视角. 法学评论, 2021 (2).

李文莉, 杨玥捷. 智能投顾的法律风险及监管建议. 法学, 2017 (8).

姜海燕, 吴长凤. 智能投顾的发展现状及监管建议. 证券市场导报, 2016 (12).

蔺捷. 论欧盟投资者适当性制度. 法学评论, 2013 (1).

冉昊. 论"中间型权利"与财产法二元架构: 兼论分类的方法论意义. 中国法学, 2005 (6).

李晴. 智能投顾的风险分析及法律规制路径. 南方金融, 2017 (4).

于文菊. 我国智能投顾的发展现状及其法律监管. 金融法苑, 2017 (6).

步国旬. 证券投资顾问的利益冲突与信息隔离. 证券市场导报, 2011 (9).

李虹含, 廉婧. 资管新规与金融科技对资管业务的影响. 金融博览, 2018 (2).

陈煜, 任敏. 关于智能投顾法律规范框架的基本分析. 清华金融评论, 2018 (2).

李莹. 智能投顾的制度建设. 中国金融, 2017 (16).

周正. 境内外智能投顾业务模式对比. 银行家, 2017 (12).

赵天书. 比特币法律属性探析：从广义货币法的角度. 中国政法大学学报, 2017 (5).

赵磊. 论比特币的法律属性：从 HashFast 管理人诉 Marc Lowe 案谈起. 法学, 2018 (4).

叶林, 吴烨. 金融市场的"穿透式"监管论纲. 法学, 2017 (12).

陈景辉. 捍卫预防原则：科技风险的法律姿态. 华东政法大学学报, 2018 (1).

王茂斌, 孔东民. 市场透明度改变影响交易者行为吗?. 证券市场导报, 2007 (11).

袁曾. 法定数字货币的法律地位、作用与监管. 东方法学, 2021 (3).

罗勇. 论数字货币的私法性质：以日本 Bitcoin.Cafe 数字货币交易所破产案为中心. 重庆大学学报（社会科学版）, 2020 (2).

吴香香. 民法典编纂中请求权基础的体系化. 云南社会科学, 2019 (5).

杨志利. 信赖利益赔偿的经济分析. 广东商学院学报, 2011 (6).

翟云岭, 王阳. 默示条款法律问题探析. 法学论坛, 2004 (1).

万国华, 杨海静. 论反欺诈原则在证券法中的确立：对诚实信用作为证券法基本原则的反思. 南开学报（哲学社会科学版）, 2015 (1).

何建锋. 论我国互联网金融监管的法律路径. 暨南学报

(哲学社会科学版), 2016 (1).

谢平, 邹传伟, 刘海二. 互联网金融监管的必要性与核心原则. 国际金融研究, 2014 (8).

张红. 走向"精明"的证券监管. 中国法学, 2017 (6).

林盟翔. 我国台湾地区监管沙盒的"立法"构造与法制动向//黄红元, 卢文道. 证券法苑: 第21卷. 北京: 法律出版社, 2017.

朱宝丽. 合作监管的兴起与法律挑战. 政法论丛, 2015 (4).

宋华琳. 论政府规制中的合作治理. 政治与法律, 2016 (8).

王瑞雪. 治理语境下的多元行政法. 行政法学研究, 2014 (4).

刘鹏, 王力. 西方后设监管理论及其对中国监管改革的启示. 新视野, 2016 (6).

刘轶. 金融监管模式的新发展及其启示: 从规则到原则. 法商研究, 2009 (2).

步国旬. 证券公司合规管理的新趋势: 基于原则的监管. 证券市场导报, 2010 (1).

尚静. 我国实施原则导向监管的路径探讨. 南方金融, 2007 (6).

中国人民银行济南分行课题组. 从规则监管到原则监管: 展业三原则在外汇管理中的适用. 金融发展研究, 2015 (12).

柳海英, 王宁. 中国金融监管模式的权变选择. 社会科学论坛, 2006 (6).

Primavera De Filippi, Samer Hassan. 从"代码即法律"到"法律即代码": 以区块链作为一种互联网监管技术为切入点. 赵蕾, 曹建峰, 译. 科技与法律, 2018 (5).

莱斯特·M. 萨拉蒙. 新政府治理与公共行为的工具: 对中国的启示. 李婧, 译. 中国行政管理, 2009 (11).

乔治·施蒂格勒. 经济生活中的政府管制//吴敬琏. 比较: 第20辑. 北京: 中信出版社, 2005.

卡塔琳娜·皮斯托, 许成钢. 不完备法律（上）: 一种概念性分析框架及其在金融市场监管发展中的应用//吴敬琏. 比较: 第3辑. 北京: 中信出版社, 2002.

詹姆斯·高德利. 中世纪共同法中合同法上的诚信原则//莱因哈德·齐默曼. 西蒙·惠特克. 欧洲合同法中的诚信原则. 丁广宇, 杨才然, 叶桂峰, 译. 北京: 法律出版社, 2005.

陈冠华. 英国"监管沙盒"项目对我国金融创新监管的启示//郭锋. 证券法律评论: 2017年卷. 北京: 中国法制出版社, 2017.

吴烨. 论智能合约的私法构造. 法学家, 2020 (2).

吴烨, 叶林. "智能投顾"的本质及规制路径. 法学杂志, 2018 (5).

吴烨. 智能投顾: 类型化及规制逻辑. 月旦民商法学, 2018年秋字号.

吴烨. 金融科技监管范式: 一个合作主义新视角. 社会科学, 2019 (11).

吴烨. 论金融科技监管权的本质及展开. 社会科学研究, 2019 (5).

中文著作：

王利明. 民法总论. 北京: 中国人民大学出版社, 2013.

梁慧星. 中国物权法研究：上. 北京：法律出版社，1998.

王泽鉴. 民法思维：请求权基础理论体系. 北京：北京大学出版社，2009.

王泽鉴. 民法总则. 增订版. 北京：中国政法大学出版社，2001.

王泽鉴. 民法学说与判例研究：第1册. 台北：三民书局，1986.

曾隆兴. 现代非典型契约论. 台北：三民书局，1986.

苏永钦. 民事立法与公私法的接轨. 北京：北京大学出版社，2005.

韩世远. 合同法总论. 4版. 北京：法律出版社，2018.

黄茂荣. 法学方法与现代民法. 北京：中国政法大学出版社，2001.

龙翼飞，宋晓明，陈群峰. 合同法教程. 北京：法律出版社，2008.

王洪. 法律逻辑学. 北京：中国政法大学出版社，2008.

翟学伟，薛天山. 社会信任：理论及其应用. 北京：中国人民大学出版社，2014.

罗培新. 公司法的合同解释. 北京：北京大学出版社，2004.

楼建波. 金融商法的逻辑：现代金融交易对商法的冲击与改造. 北京：中国法制出版社，2017.

孙玉荣. 民法学. 北京：北京工业大学出版社，2014.

张艳. 关系契约与契约关系. 北京：法律出版社，2017.

吴从周. 概念法学、利益法学与价值法学：探索一部民法方法论的演变史. 北京：中国法制出版社，2011.

梁上上. 利益衡量论. 2版. 北京：法律出版社，2016.

耿林. 强制规范与合同效力：以合同法第52条第5项为中心. 北京：中国民主法制出版社，2009.

冯金华. 新凯恩斯主义经济学. 武汉：武汉大学出版社，1997.

刘荣军. 程序保障的理论视角. 北京：法律出版社，1999.

李永军. 民法总论. 2版. 北京：中国政法大学出版社，2012.

何孝元. 诚实信用原则与衡平法. 台北：三民书局股份有限公司，1992.

安辉. 金融监管、金融创新与金融危机的动态演化机制研究. 北京：中国人民大学出版社，2016.

王国顺，等. 企业理论：契约理论. 北京：中国经济出版社，2006.

吴庚. 行政法之理论与实用. 北京：中国人民大学出版社，2005.

程倩. 论政府信任关系的历史类型. 北京：光明日报出版社，2009.

郭田勇. 金融监管学. 3版. 北京：中国金融出版社，2014.

陈秀山. 现代竞争理论与竞争政策. 北京：商务印书馆，1997.

祁敬宇，祁绍斌. 全球化下的金融监管. 北京：首都经济贸易大学出版社，2011.

邵冲. 管理学概论. 3版. 广州：中山大学出版社，2005.

刘金章，刘凤林. 货币. 哈尔滨：黑龙江人民出版社，1984.

张国庆. 行政管理学概论. 2版. 北京：北京大学出版社，2000.

周道许. 现代金融监管体制研究. 北京：中国金融出版社，2000.

曾赛红，郭福春. 合作金融概论. 北京：中国金融出版社，2007.

美国商品交易法. 中国证券监督管理委员会，组织编译. 北京：法律出版社，2013.

徐辉. 现代货币效用论. 上海：上海财经大学出版社，2013.

中文译著：

马克思，恩格斯. 马克思恩格斯全集：第23卷. 北京：人民出版社，1972.

马克斯·韦伯. 经济与社会：第2卷. 阎克文，译. 上海：上海人民出版社，2010.

麦克尼尔. 新社会契约论：关于现代契约关系的探讨. 雷喜宁，潘勤，译. 北京：中国政法大学出版社，1994.

迈克尔·J. 桑德尔. 自由主义与正义的局限. 万俊人，唐文明，张之锋，等译. 南京：译林出版社，2001.

本尼迪克特·安德森. 想象的共同体：民族主义的起源与散布. 吴叡人，译. 上海：上海人民出版社，2003.

普里马韦拉·德·菲利皮，亚伦·赖特. 监管区块链：代码之治. 卫东亮，译. 北京：中信出版社，2019.

弗兰克·B. 克罗斯，罗伯特·A. 普伦蒂斯. 法律与公司金融. 伍巧芳，高汉，译. 北京：北京大学出版社，2011.

内田贵. 契约的再生. 胡宝海，译. 北京：中国政法大学出版社，2005.

乔纳森·H. 特纳. 社会学理论的结构. 吴曲辉，等译. 杭州：浙江人民出版社，1987.

卡尔·拉伦茨. 德国民法通论：上册. 王晓晔，邵建东，程建英，等译. 北京：法律出版社，2004.

卡尔·拉伦茨. 德国民法通论：下册. 王晓晔，邵建东，程建英，等译. 北京：法律出版社，2004.

卡尔·拉伦茨. 法学方法论. 陈爱娥，译. 北京：商务印书馆，2003.

孟德斯鸠. 论法的精神. 张雁深，译. 北京：商务印书馆，1963.

柏士纳. 法律之经济分析. 唐豫民，译. 台北：台湾商务印书馆，1987.

丹宁勋爵. 法律的训诫. 杨百揆，刘庸安，丁健，译. 北京：群众出版社，1985.

富勒. 法律的道德性. 郑戈，译. 北京：商务印书馆，2005.

H. 科殷. 法哲学. 林荣远，译. 北京：华夏出版社，2002.

中嶋谦互. 网络游戏核心技术与实战. 毛姝雯，田剑，译. 北京：人民邮电出版社，2014.

罗斯科·庞德. 通过法律的社会控制. 沈宗灵，译. 北京：商务印书馆，2010.

亚当·斯密. 国民财富的性质和原因的研究：上卷. 郭大力，王亚南，译. 北京：商务印书馆，1972.

亚里士多德. 政治学. 吴寿彭，译. 北京：商务印书馆，1965.

罗纳德·S. 伯特. 结构洞：竞争的社会结构. 任敏，李璐，林虹，译. 上海：上海人民出版社，2017.

金泽良雄. 经济法概论. 满达人，译. 兰州：甘肃人民出版社，1985.

边沁. 道德与立法原理导论. 时殷弘，译. 北京：商务印书馆，2000.

加里·S. 贝克尔. 人类行为的经济分析. 王业宇，陈琪，译. 上海：上海人民出版社，1995.

罗德里克·马丁. 权力社会学. 丰子义，张宁，译. 北京：生活·读书·新知三联书店，1992.

梅因. 古代法. 沈景一，译. 北京：商务印书馆，1959.

劳伦斯·M. 弗里德曼. 法律制度：从社会科学角度观察. 李琼英，林欣，译. 北京：中国政法大学出版社，1994.

莱奥·罗森贝克. 证明责任论. 庄敬华，译. 北京：中国法制出版社，2002.

A. M. 鲁缅采夫. 政治经济学：上册. 刘家辉，等译. 北京：高等教育出版社，1985.

亚当·格林菲尔德. 区块链 人工智能 数字货币：黑科技让生活更美好?. 张文平，苑东明，译. 北京：电子工业出版社，2018.

奥古斯丁. 论自由意志. 成官泯，译. 上海：上海人民出版社，2020.

哈特穆特·毛雷尔. 行政法学总论. 高家伟，译. 北京：法律出版社，2000.

Dande Bancel. 班色论合作主义. 彭师勤，译. [出版地不详]：合作与农村出版社，1943.

村松岐夫. 地方自治. 孙新，译. 北京：经济日报出版社，1989.

马丁·P. 戈尔丁. 法律哲学. 齐海滨，译. 北京：生活·读书·新知三联书店，1987.

外文论文：

Sandra Chutorian. Tort Remedies for Breach of Contract: The Expansion of Tortious Breach of the Implied Covenant of Good Faith and Fair Dealing into the Commercial Realm. Columbia Law Review，1986，86.

D. K. Citron, F. A. Pasquale. The Scored Society: Due Process for Automated Predictions. Washington Law Review，2014，89.

Joshua, et al. Accountable Algorithms. University of Pennsylvania Law Review，2017，165.

Kevin Werbach, Nicolas Cornell. Contracts Ex Machina. Duke Law Journal，2017，67.

Philippa Ryan. Smart Contract Relations in e-Commerce: Legal Implications of Exchanges Conducted on the Blockchain. Technology Innovation Management Review，2017，7.

R. H. Coase. The Nature of the Firm. Economica New Series, 1937, 4.

Ian R. Macneil. Contracts: Adjustment of Long-Term Economic Relations under Classical, Neoclassical and Relational Contract Law. Northwestern University Law Review, 1977, 72.

Jay M. Feinman. Relational Contract Theory in Context. U. L. Rev. , 2000.

Joshua A. T. Fairfield. Smart Contracts, Bitcoin Bots and Consumer Protection. Washington and Lee Law Review Online, 2014, 71.

Jànos Barberis, Douglas W. Arner. FinTech in China: From Shadow Banking to P2P Lending. Banking Beyond Banks & Money, 2016.

Morten Bech, Rodney Garratt. Central Bank Cryptocurrencies. BIS Quarterly Review, 2017.

Tobias Adrian, Tommaso Mancini-Griffoli. The Rise of Digital Money. International Monetary Fund Publication Services, 2019.

Lawrence J. Trautman, Alvin C. Harrell. Bitcoin Versus Regulated Payment Systems: What Gives? . Cardozo Law Review, 2017, 38 (3).

Kevin V. Tu. Perfecting Bitcoin. Georgia Law Review, 2018, 52 (1).

Jeffrey E. Glass. What is a Digital Currency? . IDEA: The Journal of the Franklin Pierce Center for Intellectual

Property, 2017, 57 (3).

Vrajlal Sapovadia. Legal Issues in Cryptocurrency//David Lee Kuo Chuen. Handbook of Digital Currency. [S. l.]: Elsevier Academic Press, 2015.

George Selgin. Synthetic Commodity Money. Journal of Financial Stability, 2015, 17.

Nian, Lam Pak, D. L. K. Chuen. A Light Touch of Regulation for Virtual Currencies//David Lee Kuo Chuen. Handbook of Digital Currency. [S. l.]: Elsevier Academic Press, 2015.

David Yermack. Is Bitcoin a Real Currency?: An Economic Appraisal//David Lee Kuo Chuen. Handbook of Digital Currency. [S. l.]: Elsevier Academic Press, 2015.

Tom C. W. Lin. Compliance, Technology, and Modern Finance. Brook. J. Corp. Fin. &Com. L., 2016, 11.

Carol Sergeant. Risk-based Regulation in the Financial Services Authority. Journal of Financial Regulation and Compliance, 2002, 10.

Marianne Ojo. the Growing Importance of Risk in Financial Regulation. Journal of Risk Finance, 2010, 11 (3).

Edward J. Kane. Ethical Foundations of Financial Regulation. Journal of Financial Services Research, 2000, 12.

Ian Fitzgerald. The Death of Corporatism?: Managing Change in the Fire Service. Personnel Review, 2005, 34.

John Fenwick, Mark Bailey. Local Government Reorganisation in the UK: Decentralisation or Corporatism?. International Journal of Public Sector Management, 1999, 12.

Colin Crouch, Ronald Dore. Whatever Happened to Corporatism? //Colin Crouch, Ronald Dore. Corporatism and Accountability: Organized Interest in British Public Life. [S. l.]: Oxford University Press, 1990.

Peter Grabosky. Meta-Regulation//Peter Drahos. Regulatory Theories: Foundations and Applications. [S. l.]: ANU Press, 2017.

Neil Gunningham, Darren Sinclair. Smart Regulation//Peter Drahos. Regulatory Theories: Foundations and Applications. [S. l.]: ANU Press, 2017.

Cary Coglianese, Evan Mendelson. Meta-Regulation and Self-Regulation//Robert Baldwin, Martin Cave, Martin Lodge. The Oxford Handbook of Regulation. [S. l.]: Oxford University Press, 2010.

Ian Mason. Principles-Based Regulation—Will It Work? //Chris Skinner. The Future of Investing: In Europe's Markets after MiFID. [S. l.]: John Wiley & Sons, 2007.

Julia Black, Robert Baldwin. Really Responsive Risk-Based Regulation. Law & Policy, 2010, 32.

外文网站：

Vitalik Buterin. Ethereum White Paper—Smart Contracts and Decentralized Application Platform. [2020 - 01 - 03]. https://github.com/ethereum/wiki/wiki/White-Paper.

IOSCO Research Report on Financial Technologies (Fintech). [2020 - 09 - 22]. http://www.iosco.org/library/pubdocs/pdf/IOSCOPD554.pdf.

Nick Szabo. Formalizing and Securing Relationships on Public Networks. [2020 - 01 - 22]. https://ojphi.org/ojs/index.php/fm/article/view/548/469.

Division of Trading and Markets, U.S. Securities and Exchange Commission. Joint Staff Statement on Broker-Dealer Custody of Digital Asset Securities. [2020 - 09 - 26]. https://www.sec.gov/news/public-statement/joint-staff-statement-broker-dealer-custody-digital-asset-securities.

Douglas Arner, Jànos Barberis, Ross Buckley. The Evolution of Fintech: A New Post-Crisis Paradigm? (University of Hong Kong Faculty of Law Research Paper No. 2015/047). [2021 - 01 - 01]. http://hub.hku.hk/bitstream/10722/221450/1/Content.pdf.

Leesa Shrader, Eric Duflos. China: A New Paradigm in Branchless Banking?. [2021 - 01 - 01]. http://www.cgap.org/sites/default/files/Working-Paper-China-A-NewParadigm-in-Branchless-Banking-March-2014_0.pdf.

Clive Briault. Principles—Based Regulation—Moving from Theory to Practice. (2007 - 05 - 10). http://www.fsa.gov.uk/library/communication/speeches/2007/0510_cb.shtml.

Speech by John Tiner, Chief Executive, FSA, Rendez

Vous de Septembre, Monte Carlo, 12 September 2006. [2021 - 01 - 10]. http://www.fsa.gov.uk/pages/Library/Communication/Speeches/2006/0912_jt.shtml.

中文报纸文章：

王利明. 人工智能时代提出的法律问题. 北京日报, 2018 - 07 - 30.

徐昭. 同花顺网络涉嫌传播误导性信息被证监会立案调查. 中国证券报, 2017 - 07 - 22.

陈晗, 等. MiFID Ⅱ：一场欧盟版的监管风暴. 上海证券报, 2018 - 01 - 31.

刘琪. P2P"嫁接"智能投顾开花易结果难, 产品合规性及其代销资质是发展瓶颈. 证券日报, 2017 - 01 - 21.

杨震, 刘磊. 数字货币法律属性的司法判断与类型化方法. (2020 - 09 - 08). http://www.mzyfz.com/html/1389/2020 - 09 - 08/content - 1437288.html.

高晋康. 互联网金融监管体制的法治化建议. 金融时报, 2016 - 06 - 27.

主要参考案例：

山东省商河县人民法院民事判决书（2015）商民初字第1531号

广东省深圳市中级人民法院民事裁定书（2018）粤03民特719号

北京市海淀区人民法院民事判决书（2018）京0108民初15687号

北京市海淀区人民法院民事判决书（2018）京 0108 民初 24805 号

黑龙江省高级人民法院民事判决书〔2016〕黑民终 274 号

广州互联网法院民事判决书（2019）粤 0192 民初 70 号

杭州互联网法院民事判决书（2018）浙 0192 民初 81 号

广东省高级人民法院民事判决书（2019）粤民终 2093 号

浙江省杭州市富阳区人民法院民事判决书（2019）浙 0111 民初 6971 号

广州互联网法院民事判决书（2018）粤 0192 民初 1549 号

湖北省宜昌市中级人民法院民事判决书（2013）宜中民三终字第 00330 号

HashFast Technologies LLC v. *Marc A. Lowe*, United States Bankruptcy Court Northern District of California, Bankruptcy Case No. 14-30725DM.

附录：元宇宙相关名词释义[①]

虚拟场景领域

1. 元宇宙（Metaverse）

人类运用数字技术构建的、由现实世界映射或超越现实世界且可以与现实世界交互的虚拟世界。

2. 肉空间（meat space）

与"网络世界"或"虚拟现实"相对应的"现实生活"或"物理世界"。在当今语境下，网络空间指的是在线的一切，而"肉空间"指的是离线的一切。

3. 第三代互联网（web3.0）

一种解释是，web3.0是对web2.0的升级，在此环境下，用户不必在诸多中心化平台上创建多种身份，而是打造一个统一的去中心化的数字身份体系，在各平台可以通行。还有一种解释是，web3.0是指基于区块链技术的去中心化互联网。

4. 物联网（Internet of Things，IoT）

将所有物连接起来所组成的一个"物—物"相连的互联网络。

[①] 本释义主要来源于区块链社区、互联网论坛等网络资料。

5. 身联网（Internet of Bodies，IoB）

使用技术设备将人体数据和互联网相连的技术。

6. 数字孪生（digital twin）

借由数字化手段构建的数字世界中的"完整分身"，是对真人的复制，通过对真人的模拟、验证、预测、控制，实现对物理实体的了解、分析和优化。

7. 数字化身（digital avatar）

用户在元宇宙的身份映射和虚拟替身，具备形象自定义、动作驱动等功能。

8. 数字人（digital human）

是一种逼真的 3D 人体模型。它利用高端功能，在外观（皮肤、阴影或头发等）和运动（准确的索具和动画）方面产生类似于真人的效果。

9. 虚拟人（virtual human）

相较数字人，虚拟人更侧重其在智能等方面与人的相似性，在难辨真假的同时可以进行交互。"虚拟"这个词彰显出虚拟人试图和人类一样真实存在，它可能具有职业、性格，甚至自己的故事。

10. 缸中之脑（Brain in a Vat）

该词源于希拉里·普特南（Hilary Putnam）于 1981 年出版的专著《理性、真理与历史》（*Reason, Truth and History*）中提出的思想实验，通过计算机设备将人脑与虚拟世界关联起来，利用计算机提供的电子脉冲信号，使人脑主人产生处于真实世界中的幻觉，实现双向的通信。

11. 赛博格（Cyborg）

是由控制论（cybernetics）和有机体（organism）合并而来，意译为"控制论有机体"，即人与机器的高度融合。最早是针对宇航员太空生存问题提出的技术构想，之后在唐娜·哈拉维（Donna Haraway）的《赛博格宣言》（"The Cyborg Manifesto"）中被隐喻为一种"人之本体论反思"。

虚拟技术领域

12. 扩展现实（extended reality）

通过计算机技术和可穿戴设备产生的一个与虚拟相结合、可人机交互的环境。扩展现实是一个涵盖性术语，包含增强现实、虚拟现实、混合现实及其他沉浸式新技术。

13. 增强现实（augmented reality）

一种将真实世界和虚拟信息相互叠加的技术。增强现实是在同一显示器上，通过技术手段在现实世界的基础上增加虚拟影像，实现对真实世界的"增强"。

14. 虚拟现实（virtual reality）

一种创建和体验虚拟世界的计算机仿真系统。虚拟现实通过综合计算机等多种科技手段，借助特定设备，产生一个存在多种感官体验的 3D 世界，使用户有身临其境的感觉。

15. 混合现实（mixed reality）

通过现实实体和虚拟信息的混合与实时交互，在现实世界、虚拟世界和用户之间搭起一个交互反馈的信息回路，以增强用户体验的真实感。在混合现实的环境中，有真实实体，也有虚拟信息，并且是实时交互的。

16. 人机交互 (Human-Computer Interaction，HCI)

人与计算机之间使用某种对话语言，通过一定的交互方式，为完成确定任务的信息交换过程。人机交互设备主要有键盘、鼠标以及有识别模式的设备。

17. 脑机接口 (brain-machine interface，BMI)

一种基于脑电信号实现人脑与计算机或其他电子设备通信和控制的系统，利用电脑信号在人脑和外部设备之间建立的通信通道，是一种新的人机接口方式。

18. 云计算 (cloud computing)

一种通过网络（主要是互联网）提供计算资源的、可根据用户需求来扩大或缩小规模的效用服务，即通过互联网云服务平台按需提供计算能力、数据库存储、应用程序和其他 IT 资源。

19. 大数据可视化 (Big Data visualization)

最早可追溯到 20 世纪 50 年代，它是一门关于数据视觉表现形式的科学技术研究，主要指的是，将大数据以图形、图标等可视化形式表现出来的过程。不过，数据可视化是一个处于不断演变之中的概念，其边界在不断地扩大。

20. 元数据 (Metadata)

又称中介数据、中继数据，为描述数据的数据（data about data），主要是描述数据属性（property）的信息，用来支持诸如指示存储位置、历史数据、资源查找、文件记录等功能。元数据是一种电子式目录，为了达到编制目录的目的，必须描述并收藏数据的内容或特色，进而达成协助数据检索的目的。

区块链技术领域

21. 区块（block）

区块链的组成单元，记录了相应时间段的所有交易，所有区块按时间节点链接在一起就是区块链。

22. 区块链（blockchain）

一种由多方共同维护的分布式记账技术（distributed ledger technology），使用密码学保证传输和访问安全，能够实现数据一致存储、难以篡改、防止抵赖。

23. 公有链（public blockchain）

又被称为"非许可链"。公有链没有节点准入和退出限制，任何人都能读取区块链信息，发送交易并能被确认，参与共识过程。公有链是真正意义上的去中心化区块链。

24. 私有链（private blockchain）

私有链的写入权限归属于某一组织，其读取权限可能会被限制。私有链是中心化的区块链。

25. 联盟链（consortium blockchain）

联盟链的节点必须符合一定特征才能成为成员，只有经过许可的可信节点才能参与该联盟链的记账，其他用户仅有部分权限，例如，各大银行之间为了协同合作而构造和维护的区块链。私有链和联盟链并称为"许可链"。

26. 主链（mainchain）

又叫主网，是指正式上线的、可以独立运行的区块链网络。主链是区块链社区公认的可信区块链网络，通过共识的有效区块会被追加到主网的区块账本中。

27. 侧链（sidechains）

侧链不是特指的某一个区块链，而是遵守侧链协议的所有的区块链。侧链协议的目的是使数据在不同的区块链之间进行交互。侧链的代码和数据相对独立，能够减轻主链的负担，避免数据过度膨胀。

28. 硬分叉（hard fork）

是指区块链发生永久性分歧，不支持向后兼容，旧节点不能识别新节点产生的区块。在新共识规则发布后，部分没有升级的节点无法验证已经升级的节点生产的区块，即发生硬分叉。

29. 软分叉（soft fork）

是指在区块链或去中心化网络中支持向后兼容的软件升级方式，新旧节点并存。区块链规则发生改变时，软分叉的新规则是旧规则的子集，所有被新版本认为是合法的区块也会被旧版本所认同。

30. 分布式账本（distributed ledger）

是指账本由所有用户在分布式环境中共同维护，相互协作不断地完成记录和更新。分布式账本可以是在由不同用户或机构组成的网络中共享的资产数据库。

31. 分布式网络（distributed network）

也被称为"网状网络"，它是由分布在不同地点的计算机系统连接而成的，网络中无中心节点。

32. 闪电网络（lightning network）

是为解决比特币交易拥堵问题提出的方案，指将大量的交易放在区块链之外进行，而区块链则只确认最终的交易结果。

33. 对等网络（peer to peer lending）

在该网络下，所有计算机和设备被称为对等设备，它们共享和交换工作负载。对等网络中的每个对等方都等于其他对等方，网络中没有特权对等体，也没有主要的管理员设备。

34. 节点（node）

一个连接到计算机网络或电信网络上的设备，或是一个网络拓扑中线相交的部分。节点的具体定义依赖于所提及的网络和协议层。区块链中的节点指区块链网络中的计算机，即任何连接到区块链网络的计算机（包括手机、"矿机"等）都被称为节点。

35. 私钥/公钥（private/public key）

通过非对称加密算法得到的一组密钥对，即一个公钥和一个私钥。其中，公钥可对数据进行加密，只有使用对应的私钥才能解密数据，从而保证数据传输的安全性。公钥是密钥对外公开的部分，私钥则是非公开的部分，由用户自行保管。

36. 时间戳（timestamp）

字符串或编码信息用于辨识记录下来的时间日期。时间戳系统主要包括三个部分：可信时间源、签名系统、时间戳数据库。

37. 哈希值（Hash）

把任意长度的输入通过哈希算法变换成固定长度的输出，该输出就是哈希值，可以理解为代码文件的"身份证"。这是因为，哈希值通过加密处理后，具有唯一性和不可逆性。

38. 哈希率（Hashrate）

在工作量证明（PoW）算法下用于挖矿和处理交易的总算力。

39. 图灵完备（Turing completeness）

将编程语言或任意逻辑系统转变为具有等同于通用图灵机的计算能力。图灵机是将人的计算行为抽象化，只要人能够进行的计算，图灵机就能够模拟出来。

智能合约及 DAO 领域

40. 智能合约（smart contract）

一种基于区块链的自动执行代码。它允许在没有第三方的情况下进行可信交易，并且这些交易可追踪且不可逆转。

41. 去中心化自治组织（decentralized autonomous organization，DAO）

由一系列智能合约所控制的虚拟组织，不需要任何中介或权威机构。无论何种类型或规模，去中心化自治组织的功能都可归纳为：将松散的社交群体转变为一个由贡献者驱动的团体，团体成员达成关于治理规则的基本共识，以实现团体目标。

42. 去中心化（decentralization）

是指一个群体不再受任何中央实体管控，每个成员都可享有相等的自治权利，自由地进行点对点的交易及操作，无须依赖第三方介入。是相对于"中心化"而言的新型社会关系形态和内容产生形态。

43. 去中心化应用（decentralized application，DApp）

是指在区块链中基于智能合约的各种分布式应用，它们为区块链中的服务提供形式。

44. 去中心化金融（decentralized finance，DeFi）

是加密金融体系的一种模式，也被称为"开放式金融"，是以比特币或以太币为代表的加密货币、区块链和智能合约结合的产物。

45. 以太坊（Ethereum）

是一个开源的、全球的去中心化计算架构，是 Web3.0 生态系统中使用的主要区块链。智能合约是以太坊中用于执行任务的程序化代码。以太坊也是目前 NFT 最常用的区块链架构。

46. 以太坊虚拟机（Ethereum virtual machine，EVM）

是指以太坊的部分计算引擎，用来处理智能合约的部署以及执行。

47. 预言机（Oracles）

在区块链智能合约的背景下，是指可以找到和验证真实世界的事件，并将此信息提交给使用的区块链的智能合约。预言机是现实世界和区块链之间的桥梁，可以将外界信息写入区块链内，完成区块链与现实世界的数据互通。

48. 链上（on-chain）

是指存在于区块链上的数字代币。这个术语还用于表示与区块链上的代币或合约的任何交易或互动。

49. 链外（off-chain）

通常是指实际发生在区块链之外的交易协议（off-chain transaction），是用于链外交易的协议，类似于支付平台上使用的协议，其中最流行的是 PayPal。

共识机制领域

50. 共识机制（consensus mechanism）

以去中心化的方式就网络的状态达成统一协议的过程，也被称为共识算法。共识机制是区块链技术的核心，其有助于确保只有真实的事务才被记录在区块链上。通常通过节点的投票，在短时间内完成对交易的验证和确认。

51. 工作量证明（proof of work，PoW）

一种区块链共识机制，用矿工工作量的结果来证明其贡献的大小，再根据贡献大小确定记账权与奖励的分配。工作量证明是完全去中心化的，在节点与节点之间实现了公平竞争。

52. 权益证明（proof of stake，PoS）

一种区块链共识机制，基于验证者持有代币的数量（和时间）表彰权益，权益越大，越容易获得生成区块的条件。基于伪随机选择的验证者生产并批准区块，验证者通过在区块链内锁定代币来"质押"原生网络代币。验证者将根据自己的权益质押总额获得奖励，用投资回报（ROI）来激励节点验证网络。

53. 委托权益证明（delegated proof of stake，DPoS）

基于权益证明衍生出的一种新共识算法，它类似于董事会投票。在这种共识算法中，拥有通证（token）的人投票选举出若干代理人，由代理人负责验证和记账。

54. 实用拜占庭容错算法（Practical Byzantine Fault Tolerance，PBFT）

一种常用于联盟链的共识算法，该算法将容错量控制在全部节点数的1/3，只要有超过2/3的正常节点，整个系统便可正常运作。

55. 拜占庭将军问题（Byzantine failures）

是指在存在消息丢失的不可靠信道上试图通过消息传递的方式达到一致性是不可能的。

56. 验证池机制（verify the pooling）

在传统的分布式一致性技术的基础上，借助数据验证机制达到不需要依赖代币也可以实现秒级共识验证效果的一种机制。

57. 51%攻击（51% attack（majority attack））

针对基于工作量证明的共识机制的一种攻击手段。在理论上，如果掌握了50%以上的算力，就拥有了获得记账权的绝对优势，因此，可以更快地生成区块，也拥有了篡改区块链数据的权利。

数字货币领域

58. 中本聪（Satoshi Nakamoto）

比特币协议及其相关软件Bitcoin-Qt的创造者，自称日裔美国人，但其真实身份未知。

59. 挖矿（mining）

获取数字货币的勘探方式的昵称，也是数字货币发行的一个过程，即通过区块链技术对链上数据进行记录，形成新的区块并获得相应的数字货币的奖励。

60. 矿工（miner）

尝试创建区块并将其添加到区块链上的计算设备或者软件。在一个区块链网络中，当一个新的有效区块被创建时，系统一般会自动给予区块创建者（矿工）一定数量的代币，作为奖励。

61. 矿池（mining pool）

一个全自动的挖矿平台，在该平台上，矿工们能够贡献各自的算力一起挖矿以创建区块，获得区块奖励，并根据算力贡献比例分配利润，即矿机接入矿池—提供算力—获得收益。

62. 钱包（wallet）

是指数字货币的储存工具。

63. 热钱包（hot wallet）

是指互联网能够访问用户私钥的钱包，其往往是在线钱包的形式，用户需要给设备联网后用私钥进行访问。

64. 冷钱包（cold wallet）

是指网络不能访问到用户私钥的钱包，其避免了被黑客盗取私钥的风险，相对热钱包，其安全性较高。

65. 轻钱包（simplified payment verification，SPV）

是指依赖区块链其他全节点，仅同步与自己相关的数据，实现部分分布式。有体积小、不占空间等优势。

66. 首次发行代币（initial coin offering，ICO）

该词源自股票市场的首次公开发行（IPO）概念，是一种为加密数字货币/区块链项目筹措资金的常用方式，也可以直接解释为某个区块链项目第一次发行代币，向社会公众募集比特币、以太币等通用数字货币的行为。

67. 稳定币（stable coin）

保持稳定兑换比例的加密货币。这里的"稳定"是指加密货币的稳定性，即在一段时间内加密货币的价格不会有大幅的波动，价格相对稳定。

68. 质押（stake）

是指将加密货币质押在特殊的钱包或质押池中，通过权益证明机制，而非工作量证明帮助验证交易和确保交易安全，作为其验证并添加到区块链的任何新交易的合法性的保证，作为质押的回报，会根据质押货币对网络的贡献获得额外的代币奖励。

69. 长期持有者（HODLer）

"HODL"对应的英文单词原本是"hold"，中文意思为持有、保持。该写法源自 2013 年一个比特币持有者在论坛中报怨人生失意、经济损失、无事可做，只能选择长期持有比特币，他把"hold"错拼为了"hodl"。人们觉得该拼写方式十分有趣，便一直沿用至今，用来形容对数字资产的长期持有者。

NFT 领域

70. 线路图/规划图（roadmap）

该词描绘了 NFT 项目的目标和铸造进度的战略计划，即在投资周期内的目标，通常包括关键里程碑项目、短期和长期目标以及营销和增长计划。线路图主要用于扩张和发展 NFT 项目的计划，以传达其长期增值价值，吸引潜在投资者。

71. 衍生品（derivatives）

加密货币衍生品：是两方或多方之间的二级合约，从一级标的资产、资产组合中获得价值。例如，对于提供比特币衍生品的信托基金而言，一级资产是比特币，而二级资产是基金。衍生品帮助投资者根据一级资产的表现来判断二级资产的价格。

NFT 衍生品：通过模仿原始 NFT 项目的艺术创造和稀缺特征来铸造新的 NFT 项目，分为官方和非官方两种。NFT 衍生品不仅不会稀释原项目的价值，反而会形成马太效应，使原始 NFT 项目价值增加。

72. 铸造（mint）

是指创建 NFT 的过程。NFT 在被放到二级市场交易前，第一次被购买时需要铸造，即将数字资产存放并记录在区块链上，转化为 NFT 这一数字资产。

73. 烧毁/销毁（burn）

NFT 不能被"删除"，但可以被"烧毁"，即通过将其发送到无法访问的地址（黑洞地址，black hole address），从而禁止其流通。销毁部分 NFT 或加密货币可减少供应，推动需求增加、价格上涨。也有 NFT 项目让持有者"烧毁"NFT 来换取新的、更稀有的 NFT。

74. 钻石手（diamond hands）

通常指的是，尽管价格低迷或亏损但仍买入或持仓投资（如比特币），坚定地持有并相信他们的投资在未来会得到更多收益，拥有钻石般高风险承受能力的投资者。

75. 纸手（paper hands）

与钻石手相反，纸手代表另一种投资风险偏好，即在价格下跌时随时快速出售其数字资产的人。此类人缺乏耐心，很容易被市场波动所动摇。

76. 燃料/汽油（gas）

一种计算单位。在以太坊中，"gas"用于为获得服务而支付的费用，可理解为区块链上成功交易所需的手续费。

77. 战争（gas war）

是指在一些热门项目推出后，在很多人同时竞争的情况下，不得不提高燃料费，以高于他人的价格获得数量有限的 NFT，从而在下一个区块中获得优先交易权。

78．汽油费/燃料费/交易费（gas fee/gas cost/transaction fee）

个人为完成区块链上的加密货币交易而支付的费用，用于补偿区块链矿工验证区块链交易时必须使用的计算力。

$$gas\ fee = gas\ limit（消耗数量）\times gas\ price（gas\ 单价）$$

79．版税（royalty）

一个人因拥有、创造或授权作品而获得的一定金额的收益。每当有人在 NFT 市场中出售作品时，作品的创作者就会获得二次版税或销售价格预定百分比的收益。

80．生成艺术（generative art）

由自主系统和艺术家合作创造的艺术作品。生成艺术家基于一系列规则和参数设计这些系统以产生新的想法，并随机组合形状、形式、颜色和图案来创造艺术，其核心理念是操纵机器制造随机而独特的东西。

81．拉地毯骗局（rug pull）

一种常见的加密骗局，通常是指加密行业项目方突然放弃某一个项目或撤出流动性池子，卷走用户投资资金的诈骗行为，即项目方卷款跑路。

82．鲸鱼（whales）

在二级市场中持有大量数字货币、股票、权证的人或组织，因其具有大量买入或卖出的能力，能通过二级市场操作大大影响市场价格，造成市场价格较大波动，故被称作"鲸鱼"。

图书在版编目（CIP）数据

元宇宙：法律图谱与规范逻辑／吴烨著．－－北京：
中国人民大学出版社，2023.6
　　ISBN 978-7-300-31680-2

Ⅰ.①元⋯　Ⅱ.①吴⋯　Ⅲ.①虚拟经济－经济法－研究－中国　Ⅳ.①D922.290.4

中国国家版本馆 CIP 数据核字（2023）第 094094 号

元宇宙：法律图谱与规范逻辑
吴　烨　著
Yuanyuzhou: Falü Tupu yu Guifan Luoji

出版发行	中国人民大学出版社		
社　　址	北京中关村大街 31 号	邮政编码	100080
电　　话	010-62511242（总编室）	010-62511770（质管部）	
	010-82501766（邮购部）	010-62514148（门市部）	
	010-62515195（发行公司）	010-62515275（盗版举报）	
网　　址	http://www.crup.com.cn		
经　　销	新华书店		
印　　刷	北京宏伟双华印刷有限公司		
开　　本	890 mm×1240 mm　1/32	版　次	2023 年 6 月第 1 版
印　　张	8.625 插页 1	印　次	2023 年 6 月第 1 次印刷
字　　数	178 000	定　价	68.00 元

版权所有　　侵权必究　　印装差错　　负责调换